儿童社交力训练手册

李少聪◎著

中国铁道出版社有限公司
CHINA RAILWAY PUBLISHING HOUSE CO., LTD.

图书在版编目（CIP）数据

儿童社交力训练手册/李少聪著. —北京：中国铁道出版社有限公司，2023.9
ISBN 978-7-113-30145-3

Ⅰ.①儿…　Ⅱ.①李…　Ⅲ.①社会交往-儿童教育-家庭教育
Ⅳ.①G611②G782

中国国家版本馆CIP数据核字（2023）第063988号

书　　名：儿童社交力训练手册
ERTONG SHEJIAOLI XUNLIAN SHOUCE
作　　者：李少聪

责任编辑：巨　凤　编辑部电话：（010）83545974　电子邮箱：herozyda@foxmail.com
封面设计：仙　境
责任校对：安海燕
责任印制：赵星辰

出版发行：中国铁道出版社有限公司（100054，北京市西城区右安门西街8号）
印　　刷：天津嘉恒印务有限公司
版　　次：2023年9月第1版　2023年9月第1次印刷
开　　本：880 mm×1 230 mm　1/32　印张：6　字数：180千
书　　号：ISBN 978-7-113-30145-3
定　　价：69.00元

前言

如果孩子有一天对你说："我不想去上学了，因为那里没有人跟我玩，我没有朋友。"你会怎么想？会不会对他说："那有什么关系？老师喜欢你不就行了吗？学习成绩好不就行了吗？"

千万不要小看孩子在学校没朋友这件事，没有朋友的孩子即使成绩再好也是"孤独的舞者"，不仅痛苦无人倾诉，快乐也无人分享。心理学家李玫瑾教授曾说，如果孩子没朋友，就会出现三个问题：感觉孤独、没有安全感、缺少生活乐趣。

就像大人需要三五好友把酒言欢，孩子身边也需要几个聊得来的朋友，驱散孤独和烦恼。何况，社交能力不仅决定孩子的幸福，还决定着孩子未来能达到的人生高度。

孩子是具有社会属性的人，他们只有融入社会，才能健康、快乐地成长。黎巴嫩著名作家纪伯伦在《父母与子女的关系》中写道："你是弓，儿女是从你那里射出的箭。弓箭手望着未来之路上的箭靶，他用尽力气将你拉开，使他的箭射得又快又远。"父母的职责不是把孩子圈在身边，而是培养孩子的社交能力，帮孩子完成从家到社会的过渡。

克服恐惧是培养孩子社交能力最关键的一步。如果孩子比较胆小，父母可以通过为孩子创造不同的社交条件，如自我介绍、邀客与串门、角色扮演等，让孩子多多练习，慢慢克服恐惧，变得勇敢和自信。

礼仪和礼貌是孩子必备的社交素质。中国古代伟大的教育家孔子在教育儿子孔鲤时说："不学礼，无以立。"礼仪和礼貌是孩子建立和谐人际关系的立身之本。无论是平时用餐、打招呼，还是节日拜访、探望病人，都必须教孩子懂礼貌、遵循一定的礼仪。懂礼仪、礼貌且有教养的孩子会更受欢迎，在未来也会更有竞争力。

合作与分享对培养孩子的社交能力至关重要。奥地利人本主义心理学先驱阿尔弗雷德·阿德勒曾说："倘若一个孩子未能习得合作的技巧，那这个孩子肯定会走上一条孤单的道路。"不懂得合作与分享的孩子，在校园活动乃至日后的工作中，都很难被尊重、接纳。

但在教孩子学会分享时，很多父母用错了方法。比如不尊重孩子、强迫孩子分享等。实际上，让孩子学会分享、合作，需要保护好孩子的物品安全感、让孩子领略"正和游戏"的幸福感……

在孩子与人交往的过程中，孩子也会面临许多困扰，比如被取绰号、被孤立、与人争执、朋友借钱不还等。各种社交困扰在孩子3岁左右时就会产生，有的孩子甚至会持续到青春期、成年。

教会孩子如何正确地解决这些社交困扰，是父母陪伴孩子成长中很重要的工作。面对与人争执，父母需要引导孩子冷静下来，认真反思，与对方商讨出最佳解决方案，握手言和；面对孩子被孤立，父母要与孩子一起找到被孤立的原因，及时做出调整。

儿童的心理、生理成长规律告诉我们，童年、少年时期是孩子交往活动要求最强烈的时期。在这段时期，父母可以用科学、有趣的方式，引导孩子用文明有礼的言行待人接物，培养出社交所需的独立人格和能力。

美国积极心理学创始人马丁·塞利格曼认为，“社交广泛，朋友众多”的人更幸福。从小锻炼孩子的社交能力，是父母赋予孩子的幸福能力。

本书正是一本关于儿童社交能力培养的训练指导书，从实际出发，分别从鼓励孩子主动社交、学会尊重和接纳别人、培养社交礼仪、解决社交中的烦恼、改掉人际交往中的坏毛病等八个方面，详细讲解了如何培养孩子的社交能力，具有很强的指导意义。掌握这些方法，父母可以利用21天的时间，让孩子从不愿出门迈向社交小达人。

目录

第八章　帮助孩子改掉人际交往中的坏毛病

第一章

鼓励孩子主动社交，融入新集体

1. 儿童也有“社交恐惧症”

场景回放

场景分析

有一些孩子因为先天或者后天家庭环境的原因，特别害怕陌生人，也不愿意去公众场所。这可能是孩子性格内向的表现，也可能是有社交恐惧症的表现。社交恐惧症属于一种心理疾病，父母平时一定要注意留心判别。

患有社交恐惧症的孩子，往往非常抵触集体活动。他们在参加小组活动、社团游戏、体育课、走亲戚等群体性活动时，会害怕自己出丑被嘲笑，因而感到窘迫、紧张、苦恼等，进而主动回避、拒绝这些活动。

如果父母勉强甚至逼迫社交恐惧症的孩子与人打招呼，孩子的身体就会表现出各种不适的生理症状，比如面红、头痛、出汗、心悸、腹泻、尿频，或是哭闹不休、过分冷漠、不肯离开父母、焦虑抗拒等。

性格内向、情绪多变、自卑敏感的孩子，最容易患上社交恐惧症。因为他们经常贬低自我，同时缺乏一定的社交技巧与能力，可能会过度解读别人的反应，难以正常控制自己的情绪，参与社交时就会更加紧张、害怕。

此外，有生理缺陷的孩子也容易出现社交恐惧症。比如孩子有行动障碍、听觉障碍和表达障碍，心理负担会更重，觉得自己低人一等，与别人格格不入，便会对社交产生畏惧心。

为什么一些孩子会出现社交恐惧呢？主要原因可能有以下几点：

原因一：父母、老师经常告诉孩子“不能与陌生人说话、交往”“少去邻居家串门”“不要惹麻烦打扰别人”等。在这些观念长期影响下的孩子，社交欲望会大大降低，社交能力也会有所退化，会慢慢开始畏惧正常的社交。

原因二：孩子的社交时间被家人过度占据。但长辈年龄大，很难走进孩子的内心，孩子们就会感到不被理解、孤独。时间久了，就压抑了他们的表达能力与技巧。

原因三：孩子在社交中曾经历过心理创伤。比如当孩子鼓起勇气，在大家面前展现自己的社交能力时，却被父母、其他孩子打击、孤立，就会产生畏惧心理。此外，如果孩子在陌生的人群或环境中走失，也会留下一定的心理阴影，不愿独自外出与人交往。

原因四：频繁变换环境，会让孩子身心疲惫。例如，孩子因父母工作、自己上学或其他原因频繁搬家后，不得不重新去适应新的环境，结识新的伙伴。搬家的次数多了，孩子就会厌倦、抵触社交。

给父母的建议

如果孩子对社交有点恐惧，父母不要恐吓、批评，那样只会适得其反。父母可以尝试以下几种小方法：

1. 模拟社交情景

首先，父母可以从克服孩子的恐惧心理做起，帮助孩子接受社交这种行为。告诉孩子“社交是每个孩子都需要学习的一项技能，不是谁生来就会。做错了不怕，只要及时调整，就能变得更好。”

其次，父母可以帮孩子模拟游乐园、运动会、课间等场景，在场景中多多练习，让孩子慢慢抹平焦虑的情绪。

2. 父母进行社交示范

从亲戚、同学、老师等到陌生人，父母陪同着孩子一起进行社交行为训练，如见到人打招呼、聊话题、一起玩耍等。孩子看着父母的反应，情绪受到感染，更容易让自己放松，去接触更多的人。

3. 让孩子融入相同的社交圈

当孩子具备了一定的社交能力后，父母可以鼓励孩子加入兴趣社团，如儿童读书会、舞蹈社团等，进行独立的社交。孩子面对感兴趣的人和事时，更愿意与人分享和交流。

2. 教孩子掌握自我介绍的技巧

场景回放

林萱向朋友请教道："我儿子马上就上一年级了，班主任让他们准备好自我介绍。可他在家训练的时候，越说声音越小，怎么练也没用，怎么办？"

朋友徐茜说："自我介绍啊？上幼儿园的时候，老师不是教过孩子吗？"

林萱说："不一样的！进了新学校，见了新同学，孩子会特别紧张。提前练习好，到时候才不会怯场。"

场景分析

正确认识自我、展现自我，即孩子的"自我意识"，是心理健康中的一项重要指标。心理学研究证明，从两三岁起，孩子的自我意识就有所发展了。因此，父母需要用生动形象、孩子能接受的形式，帮孩子形成正确的自我意识，比如"做自我介绍"。

孩子在学习如何做自我介绍的过程中，可以对自己有更准确、更全面的认识，慢慢形成自己的逻辑思维能力。而且，孩子将各种碎片信息组合到一起，描述出来，还能锻炼语言表达能力。

但生活中有不少孩子都不敢在集体中展现自己，显得格外羞怯，这是为什么呢?

通常，这类孩子的性格比较内向，平常说话就不多，生活中也更喜欢安静，很少见到他们放声大笑，在社交上多属于慢热型，对不熟悉的人和事物会保持一定的距离。

除了性格的原因外，自卑的孩子也不愿意当众展示自己。因为他们害怕自己表现得不够好，被人笑话。被类似的想法所影响，孩子在做自我介绍时就会十分紧张，瞻前顾后。一旦出错，孩子就会自尊心受挫，就再也不敢上台了。

落落大方地进行自我介绍，是孩子展示自己、融入群体、建立新关系的第一步，也是一种不可或缺的社交礼仪。能当众做一个出彩的自我介绍，会帮孩子赢得长辈的夸奖、伙伴的认可，增强孩子与人交往的自信心，也让更多人认识孩子、了解孩子。

通常，三岁左右的孩子已经掌握了大部分的日常用语。随着年龄的增长，孩子可以说出长句，但进行一次完整、连贯的自我介绍还是存在困难的。如果能掌握自我介绍的技巧，孩子就能自如地展现自己。

给父母的建议

父母如果想让孩子学会介绍自己的一些好方法，就需要投其所好，用孩子能接受的形式来教导。

1. 快问快答

父母可以设计一些简单的问题，让孩子记住自己的姓名、年龄、特长，父母的姓名、电话号码、工作单位、家庭住址和家庭成员等信息。具体问题如：

“你叫什么名字？”

“我叫江笑。”

“今年几岁？”

“3 岁半。”

“家里有多少人？”

“6 个，爷爷奶奶、爸爸妈妈，还有哥哥和我。”

…………

刚开始练习的时候，父母可以用自问自答的形式，放慢语速，以加深孩子的记忆。孩子熟悉以后，由孩子来回答。等孩子能准确地答出简单的问题后，再添加一些主观性的问题，如：

“你平时喜欢做什么？”

“画画、吃零食、看动画片。”

“你和爸爸妈妈都去过哪里呀？”

“游乐园、外婆的老家。”

…………

引导孩子表述出更多的信息，丰富自己介绍的内容。

2. 描绘形象

父母可以让孩子对照镜子、照片等，画出自己的自画像，或是和孩子一起把孩子的照片、视频整理成一个成长档案，让孩子对自己的变化与经历了然于心。这样，孩子在做自我介绍时，脑海中会涌现出许多画面，更有表达欲望。

3. 面试官小游戏

这个游戏是指，由父母扮演面试官，由孩子扮演学生、厨师、老师等面试者，鼓励孩子尽可能多地表述出关于自己的内容，最好做到一气呵成，说出一段完整的话。孩子在父母面前作自我介绍，可以打消恐惧与胆怯。

当孩子失去耐心时，可以转变角色，让孩子扮演面试官，由父母进行自我介绍。

4. 在自我介绍中加入孩子的个人特色

用音乐剧、舞蹈、相册集、幻灯片等各种小道具，辅助孩子做自我介绍。这样，不仅非常具有创意，而且能给孩子留下深刻的印象。

3. 不强迫，引导孩子主动与人打招呼

场景回放

悠悠和妈妈一起出门，电梯里遇到邻居，妈妈推推她的后背说："悠悠，喊叔叔阿姨好。""悠悠，喊爷爷奶奶好！"腼腆的悠悠扭捏着没有开口，直往妈妈怀里躲。妈妈只好笑着说道："这孩子就是不爱说话。"对方答："这孩子挺好的，多乖。"出电梯后，妈妈转身气呼呼地看着悠悠说："这么大了，怎么不知道跟人打招呼呢？一点礼貌都没有！"

场景分析

一旦孩子没有主动打招呼问好，父母就感觉自己的教育出了问题，就会用威逼利诱的方式，强迫孩子与人打招呼，孩子稍不配合，就是一顿斥责。但越是这样，孩子越是抵触，越是不喜欢和人交往。甚至长大了，也不愿意主动交朋友。

为什么别人家的孩子看见大人就能喊“叔叔好”“阿姨好”，嘴巴像抹了蜜，而自己家的孩子却怯生生地连头也不敢抬?

一方面，是性格原因。有些孩子天生有点害羞，属于慢热型孩子，对陌生人通常会有抵触感。这样的孩子遇到大人时，不会兴高采烈地打招呼，而是喜欢扯着妈妈的衣角紧紧挨着妈妈不出声。

另一方面，是孩子成长的必经过程。一般来说，孩子出生后的前五个月无论谁抱，他都可以接受。但到了第六个月左右，除了一直照顾自己的妈妈，孩子就不愿意让不熟悉的人抱了。这就是“陌生人焦虑”。在婴儿阶段，孩子就是通过这种方式来保护自己，并逐渐认识、信任其他人的。

而且这种陌生人焦虑会伴随孩子很长时间，儿童心理学家发现，孩子在两岁左右会出现害怕陌生人的高峰。每个孩子都有这个现象，只是由于孩子天性不同，对陌生人的焦虑感度有所不同。在孩子眼里，陌生人和父母是完全不同的两种人，陌生人是带着“危险气息”的。在孩子三岁左右，这种现象会有所缓解，但到了四岁左右，又会呈现阶段性的不爱与人打招呼的倾向。

但父母往往会忽视这一点，所以会强迫孩子在外与人打招呼。

那是否要放任孩子不与人打招呼呢？并不是。和人打招呼、问好不仅是礼貌问题，也是孩子将来必须要掌握的社交礼仪。其实，父母需要知道孩子并非不懂礼貌，从幼儿园开始，孩子就已经发展出了社交能力，他们不愿意和别人打招呼，大多是因为和对方不熟，再加上年龄的缘故，他们做不到对不熟的人假意热络，只好闭口沉默。

给父母的建议

那么，父母应该如何引导孩子主动与人打招呼呢？

1．简化打招呼要求

在开始教孩子与人打招呼时，孩子若分不清是自家的叔叔还是楼里的叔叔，是自家的阿姨还是楼里的阿姨。建议，打招呼一律用“你好”即可，这时要培养的是孩子的礼貌意识。

如果引导过孩子，孩子却仍不愿意打招呼时，父母就不要为了所谓的面子去强迫孩子做这件事了，退而求其次地让孩子挥挥小手即可，只要孩子敢于抬头正视对方，就已经是勇敢的一种表现了。

2．带孩子去做客

如果孩子不喜欢陌生人，父母就需要创造机会，增加他和其他大人相处的时间。做客前，父母应先向孩子介绍要见的人是谁，该怎么称呼等，让孩子有一个心理准备。还可以提前给关系做一个预热，比如，可以对孩子说：“王阿姨家有一个小姐姐，一直想和你一起玩呢。”用诸如此类的话鼓励他，能让孩子消除陌生隔阂感，建立信心。

3. 让孩子做小主人

如果孩子怕生，父母可经常请亲朋好友到家中做客，让孩子自己当小主人。客人来之前，父母可以和孩子商量如何接待，也可以细化为具体的流程。比如：

向客人问好—与客人简单对话—向客人介绍自己—向客人展示自己的特长。

在孩子做好前一步的前提下，后面的事情不强迫。等孩子习惯了前一个做法，可自然过渡到下一步。父母不可急于求成，要循序渐进地让孩子去做自己能胜任的事。

培养孩子主动打招呼的习惯，不仅仅是让孩子“有礼貌”，更是让他们更好地与人连接，融入群体，融入社会。如果孩子暂时做得还不够好，也不要过于责怪、为难他们，而要耐心地去鼓励和引导他们。

4. 让孩子爱上邀客和串门

场景回放

李乐的女儿晚晚特别内向，平时家里来了客人，她也只是陪坐在沙发上，一声不吭。客人主动向她打招呼时，晚晚只会礼貌地笑一笑，气氛较为尴尬。

为了让女儿变得热情一些，李乐隔三岔五地带着晚晚去朋友、同学家做客。但晚晚每次做客回家后，就一直闷在房间里，不愿意出来。

场景分析

三岁以下的孩子处在“单独游戏时期”，就像一个“独行侠”，可能不喜欢和别人交往，这是正常现象。但是如果年龄稍大些的孩子仍喜欢把自己封在小房间里，就可能会有其他原因了。有可能是因为孩子长时间待在熟悉的家里，对生活环境形成了刻板印象。一旦环境中出现陌生的访问者，或自己离开熟悉的环境，孩子就会心生恐惧，难以适从。

一名普通的中学教师孙斌华在《童年趣事·做客》中回忆自己的童年，他年幼时去表哥家做客，看着几个小女孩在踢毽子，因为与她们不熟，他在一旁干看着。有两回毽子掉落在他跟前，他只是捡起来扔了过去。直到一个女孩开口问：“你想踢毽子吗？跟我们一起踢吧！”孙斌华这才挪着步子凑过去，只踢了一会儿，便没了陌生感。

对于不喜欢社交、不懂得待客之道的孩子，父母不如将社交文化融入家庭中，让孩子在耳濡目染中体会交往的趣味。

林徽因和她的丈夫梁思成在家中开辟了一个“文化沙龙”，巴金、沈从文、萧乾等人都是座上客。他们一起谈文学、说艺术，侃侃而谈。真是“谈笑有鸿儒，往来无白丁”。林徽因的一儿一女浸润在高雅的社交文化中，待人接物都落落大方。

给父母的建议

如果父母能对孩子进行具体、细致、明确的礼仪教育与社交训练，相信孩子们都会变得彬彬有礼。

1. 让孩子做热情大方的小主人

当孩子带小伙伴回家时，父母不要冷着脸，也不要当着客人的面批评自家孩子，而是要表扬孩子能大胆地邀请好朋友来做客，帮助孩子准备好茶果、餐点或玩具，与孩子一起做个热情的主人。

当孩子不需要父母的帮助时，请给孩子和他的小客人足够的空间与时间，让孩子自在地招待好客人。

送客时，父母记得要对孩子的小客人真诚地说："欢迎下次来玩！"为愉快的待客过程画上句号。这样，以后孩子邀客，就不会有心理负担了。

2. 教孩子做懂礼貌的小客人

父母带着孩子去做客前，需要先让孩子记住"小客人准则"。如：入门先问好；主动询问是否需要换鞋；未经允许不能进入别人家的卧室；不能随意索取玩具、礼物等；吃水果、点心前，主动说"谢谢"；不小心损坏了别人家的东西，及时说"对不起"，并坦白告诉自家父母；离开时，快乐地说"再见"……

孩子做客懂礼貌，其他的孩子、父母也就更愿意招待、邀请，这样才会继续来往。

3. 心得分享会

在孩子招待完客人，或是串门后回家，父母可以与孩子开展一次小谈心。

问一问孩子一天的感受，有什么开心的事情，有什么闹心的事情。如果不开心，是哪儿出现了问题？下一次邀客或串门时，应该怎么做？父母可以大大赞扬孩子的优秀表现并做到具体化，委婉地引导孩子哪些地方需要改进，以增强孩子的社交信心。

让孩子爱上邀客与串门，非一朝一夕之事，多多练习，孩子也会成为一个游刃有余的社交小达人！

5. 让“窝里横”的孩子勇敢地走出去

场景回放

在热播剧《爱的厘米》中，关震雷从小在父亲的溺爱中长大，长成了一个“窝里横”。

在家里，关震雷嚣张跋扈，为了买房买车，向父亲、姐姐无穷无尽地索取，甚至将父母赶出门去，令人瞠目结舌。可出了家门，他就成了一个唯唯诺诺的人，遇事竟一个字也不敢多言。

场景分析

“窝里横，外面怂”的孩子不在少数，本质上他们属于需求层次高、表达能力差的“领袖型”孩子，有着非常明确的目的，也懂得如何实现，但他们情商不够高，不够变通，往往只能通过“杀敌一千，自损八百”的方式来威胁家人。

而且，窝里横的孩子对人与人之间的亲疏关系特别敏感，缺少安全感。

他们看似从家人那儿得到了许多宠爱，但这种爱是没有原则的，反而会变得惶恐不安。当在外面遭到拒绝与挫折时，他们会在最亲近的“弱者”——父母面前表现得无法无天、蛮横无理，以弥补自己在外面受到的“伤害”。

孩子“窝里横”并非是天生的，多半和家里人的溺爱有关。试想一下，当孩子因为没有得到想要的东西而大哭大闹时，家人是不是立即妥协了？当孩子意识到自己手中有了可以控制父母的“紧箍咒”，只要遇到不顺心的事就用哭闹的方式迫使父母做出让步。

对“窝里横”的孩子来说，“窝”就是他们的舒适圈，如果他们以这样的社交方式在外面社交，将会吃很大亏，从而变得胆怯。

这是为什么呢？首先，孩子的“地域界限感”很敏锐。在家时孩子往往会随心所欲，但到了外面，面对陌生的事物，孩子就不敢像在家里一样地随心所欲。

但是，孩子总是要走出去的，环境不会迁就孩子，父母必须引导孩子走出去，同时注意正确的沟通方式，让孩子不再对外面的世界心存恐惧和胆怯。

一个炎热的夏日，“和骆驼一起拍照了！”的吆喝声引来了远近小村庄的孩子们。孩子们将骆驼团团围住，好奇地上下打量着。稍有胆怯的林海音站在一旁，时不时地探出头来。林海音瞥到了骆驼的眼睛，温柔而恬静，心中的怯意便消失了。在妈妈的帮助下，她勇敢地爬上了骆驼背，留下了童年里无可取代的一张照片。

勇气与胆量并非与生俱来，多与别人相处可以锻炼孩子的胆量。父母要找到孩子出现问题的真正原因，要谅解“窝里横”的孩子的胆小，不要强行把他们推出去独自面对陌生的社交环境，这样反而会加剧孩子的情绪化以及社交恐惧症。

给父母的建议

1. 不要给孩子贴上“窝里横，外面怂”的标签

美国心理学家贝科尔说过：“人一旦被贴上某种标签，就会成为标签所标定的人。”如果父母经常有意、无意地说孩子“窝里横，出去不敢吭一声”，孩子就可能会做出相对应的行为，产生“标签效应”。

父母要接受孩子当下的社交状态，让孩子放松下来，更容易纠正他的坏习惯。

2. 利用 ICPS 法，教会孩子正确的社交方法

美国儿童发展心理学家默娜·R. 舒尔提出的“ICPS 法”，是指通过游戏、对话等方式，教会孩子处理人际关系。

父母可以利用动画片、绘本等，让孩子理解别人的情绪变化，观察自己的行为对别人的影响，与孩子一起寻找解决人际关系问题的具体方法，如主动与熟人打招呼、乐于助人、冷静地与人理论等。

3. 鼓励孩子积极参加社交活动

经常带孩子外出，鼓励他结识新朋友、与其他小伙伴一起玩耍，慢慢积累与人交往的经验。外出次数多了，孩子就会拥有在陌生环境中交友的勇气和能力了。

6. 通过角色扮演，教孩子练习交朋友

场景回放

潘勇和芸儿因为抢积木，谁也不理谁了，老师让他们俩演一个小故事。

潘勇扮演成一只小兔子，在路上蹦蹦跳跳地走。

“哎哟。”芸儿扮演的小鸭子痛苦地叫了一声，原来是小兔子不小心踩到了小鸭子的脚。

场景分析

孩子们参加的情景剧、日常玩的过家家，其实都是角色扮演，是一种通过模仿现实生活中的人物与关系，锻炼生存、生活能力的虚拟游戏。孩

子可以虚构任何自己感兴趣的场景，扮演喜欢的角色，从中可以收获许多与人交往的经验。

在扮演各种各样的角色时，孩子可以设身处地地体验别人的情绪。例如，由孩子来扮演老师，由老师扮演调皮的学生。孩子可以站在老师的角度上看问题，从而体会到老师的辛苦与委屈。这可以帮助孩子学会反思自己的所作所为，从而改掉一些坏习惯。孩子扮演的角色越多，他的社交知识就越丰富。

我国现代幼儿教育的奠基人陈鹤琴先生曾说："孩子的知识是从经验中获得的，而孩子的生活本身就是游戏。角色扮演的游戏绝非简单儿戏，它可是孩子认识成人世界的一面镜子。"

对孩子来说，角色扮演游戏就是一个重要的交往媒介。在不同的地点，与不同的玩伴一起合作，孩子必须遵守角色扮演的规则，并且积极配合，了解别人的想法，相互适应，才能将游戏进行下去。

刚开始时，许多孩子都没有"分享""合作"的意识，因此在玩角色扮演时非常容易出现摩擦。尤其是在角色分配、材料分配、拟定故事情节等环节中，孩子们可能会因意见不合而发生争执、抢夺。发生这些情况时，父母、老师可以引导孩子采取温和、简单的方式来解决。比如，孩子们都想当老师，可以由猜拳来决定谁当，但每人只能扮演一次，所有人都当过老师后，再重新开始新一轮的猜拳。

给父母的建议

角色扮演这个游戏对锻炼孩子的想象力、思维能力和社交能力等都大有益处，父母不妨帮孩子准备起来吧！

1. 丰富孩子的角色道具

如果孩子的想象力不够，投入感不强，父母可以为孩子添置一些角色扮演的服装、工具。比如小黑板、医疗箱、化妆箱、积木、白雪公主或小红帽的服装等。

2. 与孩子一起创作剧本

如果孩子想玩角色扮演，但没有具体的故事线，父母可以与孩子一起写一个完整剧本，丰富每个角色，更能锻炼孩子的思维力。

3. 甘愿做孩子的配角

如果孩子有自己的想法，父母可以顺着孩子的思路，配合演出，以孩子为主不必打断孩子，让孩子自由发挥即可。

4. 适当解惑

虽然父母不宜过度参与，但当孩子对某个角色、某种行为有疑惑时，父母还是要做出正确的引导，以免给孩子留下错误的示范作用，混淆现实。

7. 想和小朋友一起玩，如何表达不容易被拒绝

场景回放

公园的草坪上，几个孩子正在一起踢球。鑫鑫走过去，涨红了脸说：“我能和你们一起玩吗？”

其中一个胖胖的男孩儿看也不看他一眼，就嫌弃地拒绝：“你谁啊，走开吧，别挡着路了！”鑫鑫低着头，踢了踢地上的草，失落地走开了。

场景分析

为什么有的孩子走到哪里都能自来熟，交起朋友来游刃有余，而有的孩子鼓足了勇气，却交不到朋友，还反被打击呢？也许是因为“我们可以一起玩吗？”这句话。

美国心理学家迈克尔·汤普森在《妈妈他们欺负我》中写道，他从不会教孩子说“我能和你们一起玩吗”类似的话，因为这相当于明确地给了别人一个拒绝的机会。

孩子都会经历一个阶段，遇事就喜欢说“不”。这种脱口而出的拒绝，其实并非出于恶意，而是缺乏社交技巧。除了这句“我能和你们一起玩儿吗”，效果不那么好之外，还有的孩子喜欢故意说反话来吸引对方的注意。明明想和对方玩，却表现出不喜欢对方的样子，结果却是适得其反。

综艺节目《亲爱的小课桌》中，徐敬凯是一个不太合群的孩子，他也想和其他孩子们一起玩。但他加入的方式有些莽撞，反而招来了小朋友们

的抵触。

有一幕是徐敬凯独自一人待在房间里。此时，两个小女孩进来玩积木。被忽视的徐敬凯接二连三地吓唬她们，希望能引起她们的注意，结果女孩们生气地离开了。屡屡被拒的徐敬凯自言自语地说："大家都不喜欢我，谁都不想和我玩。"如果被拒绝的次数多了，孩子与人交往的热情就会削减。尤其是性格比较内向的孩子，好不容易鼓足勇气，却被对方生硬拒绝，就更加不愿意主动与人交往了。

给父母的建议

父母要及时引导孩子，使用正确的方式进入对方的视线。

1. 用默默旁观代替上前询问

如果孩子性格比较内向，不如由父母陪伴着在一旁"看一看"。这样，不仅不会给孩子增加压力，还会在孩子之间形成莫名的磁场。一旦其他孩子对你的孩子产生了兴趣，比如他问"要和我们一起玩吗？"或是你家孩子凑上去问"这个是怎么玩的呀？"通过这些自然而然的提问、交流，孩子们就玩到一起了。

2. 用小礼物拉近与小伙伴们的距离

孩子接触陌生的朋友、融入陌生的环境，最快的方法就是随手带一些小零食或小玩具等，在分享的过程中互相认识、熟悉。

当孩子带着乒乓球、玩具车靠近其他小朋友，并主动分享："我这儿有挖掘机、警车、消防车……你们喜欢吗？我们一起玩吧！"想必其他小朋友也不会直接拒绝。

3. 多帮小忙，不动声色地融入进去

正所谓“伸手不打笑脸人”，在孩子被帮忙时，他们很少会表现出排斥的情绪，这就是让孩子融入其中的契机。

如果其他孩子在踢球，就鼓励孩子帮人捡球；如果其他孩子在玩水，就鼓励孩子帮忙开或关；如果其他孩子在堆积木，就鼓励自家孩子递一下远处的积木……一回生、二回熟，孩子们就能玩到一起了。

4. 用高价值的新游戏、新选择吸引孩子们的兴趣

例如，一群孩子正在商量去打篮球，如果孩子上前说：“我知道附近有个露天篮球场，还有一个篮球馆，你们喜欢哪一个啊？”说话间，孩子就提供了更有价值的信息，既遵守了团队的秩序，又满足了这群孩子的需求，让大家可以玩得更开心，孩子们就更愿意接纳他的加入。

第二章

引导孩子学会接纳和尊重别人

1. 避免孩子养成“唯我独尊”的习惯

场景回放

详详是家里唯一的孩子，爷爷奶奶、爸爸妈妈都围着他转，对他百依百顺。这使得他养成了傲慢霸道的习惯，在家里不是指挥妈妈干这个干那个，就是大喊奶奶又做错了什么。

早上，他醒了，就喊：“妈妈，你赶紧帮我穿衣服。”如果妈妈正在忙，没有及时来，他就大喊大叫。妈妈就赶紧放下手里的活，匆匆忙忙赶过来，安抚他：“详详乖，妈妈来了。”吃饭的时候，奶奶给他夹了一块鸡蛋，他生气地用筷子扒拉到地上，生气地说：“我不吃鸡蛋。”奶奶一边捡鸡蛋，一边说：“我的乖孙子，不吃就不吃。”

去游乐场玩，他常常一把抢过别人的滑板车，说：“给我玩会儿！”如果对方不给，他就推别人。玩滑梯，他总是不顾别的小朋友在排队，抢到最前面滑，还嫌弃别人挡了他的路。

场景分析

每个孩子身上或多或少都会有一些自以为是，有些孩子调整好了，就只是一时的骄傲自满；但有些孩子过于自信或是自卑，无法压制住这种偏激的情绪，只能任由“唯我独尊”的意识加重。

究其根源，这是因为孩子还没有真正地认识这个世界。心理学研究显示，在孩子认识自己、认识世界的初始阶段，他们往往只能看到事物的一面，而他们提出的大部分要求，都是为了满足自己的生理、安全等需求，基本不会考虑别人的想法。

如果全家人都把孩子当“太阳”，全家人都围着他一个人转，时间久了，孩子就会默认：只要是好东西或是他想要的，就应该是他的。这样一来，孩子体会到了“独享”的快感，却不曾体会过分享的快乐，自然会形成以自我为中心的思想，行事也会变得狂妄自大。因为习惯了，所以到了外面与人相处，孩子也会不自觉地把这种模式复制过去，成为别人眼里“唯我独尊”的小霸王。

苏联杰出教育家安东·谢苗诺维奇·马卡连柯说过：“一个独生子女成为家庭关注的中心是不应该的。父母要是甘心这样做，就不可能使自己摆脱掉事事以孩子为中心而俯首屈从的有害倾向。”另外，缺少陪伴的孩子也可能变得“唯我独尊”。因为他们习惯性地封闭自己的世界，只与自己交谈、玩耍，寻求安慰。因此在别人分享或是需要帮助时，他们会选择袖手旁观，并且不觉得这样的行为是错的。等他们长大了，就成了众人眼中目空一切、冷漠无情的人，这类孩子大多不懂得别人对自己的爱，也不懂得如何爱别人。

给父母的建议

1. 让孩子尝尝“边缘化”的滋味

如果孩子已经有了傲慢无礼的坏习惯，建议父母“以其人之道还治其人之身”。通过对他多加命令、无视他的请求等方式。这样，孩子就会懂得自私自利带来的伤害，从而改正自己的心态。

2. 对孩子一视同仁

父母不能因为孩子年纪小、不懂事就将他捧到家庭的第一位，尤其是独生子女。

在给家庭成员分配任何资源时，父母尽量做到公正。另外，请告诉孩子，在他提出需求时，按照其合理性和可行性，父母有权拒绝。

3. 尊重孩子的所有权，鼓励分享

如果孩子得到了父母分配的东西，比如玩具、休息的时间、零食等，那么这件东西的所有权就是孩子的，只有孩子有使用和再分配的权利。请父母先学会尊重孩子的意愿，不要安排、强迫孩子与朋友分享。

等孩子有了安全感后，父母再鼓励孩子渐渐与亲人、朋友分享。当孩子做到了，父母要及时进行表扬，让孩子收获分享的快乐。

4. 教孩子要学会欣赏别人

父母需要告诉孩子，不要在朋友面前炫耀，这样会让朋友觉得孩子在自吹自擂。让孩子保持谦虚，多观察朋友和自己的不同之处，学习别人的长处。

让孩子学会分享，越活越快乐，何尝不是一件好事。

2. 帮孩子改掉插话的坏毛病

场景回放

老师正在给小朋友们讲故事：

场景分析

孩子的语言在 3 ～ 5 岁时，会有一个“爆发期”，词汇量猛增，有的孩子会变得特别爱说话。孩子自己玩时也经常会自言自语，这是他们锻炼思维、表达想法的一种游戏方式，这很正常，家长不必干扰。

可是，有些孩子的表达欲特别强，尤其在人多的时候。比如，当父母与人交谈时，他们就特别爱插话。

经常插嘴，说明孩子是乐于沟通的，这类孩子从小就希望成为大家关注的焦点。对他们来说，父母的积极回应就是安全的来源，正如心理学家戴维·埃尔金德所说：“孩子们最需要知道的是，他们对父母很重要，永远都被爱围绕。”

孩子插话的第一种情况：因为他急于表达自己心中所想，渴望自己能被认同，或是心中有疑问，希望得到一个答案。比如妈妈和朋友聊到孩子上幼儿园的问题，孩子联想到自己，就会见缝插针地说上一句“我在幼儿园很乖的”“老师教我们画画，可好看了”类似的话，来索取大人们的表扬。其实这是可以理解的，毕竟孩子都有表现欲、好胜心。如果孩子插话时，却被父母粗暴制止，孩子受了打击，就会开始闹情绪了。

孩子插话的另一种情况：那就是养成了“及时求助”的习惯。生活中，孩子习惯了有问题就找父母，而当父母与别人聊天时，孩子并没有意识到此刻不能打扰父母，遇到了困难，仍然会不假思索、不分场合地来求助。

当然，也有一部分年龄稍大的孩子，明知道插话是不礼貌的行为，但还是故意为之。无论如何，一旦放任孩子养成插话的坏习惯，就会给大人增加不少困扰，对孩子的社交也是有弊无利。

给父母的建议

那么，如何帮孩子改掉乱插话的毛病呢？

1．提前协商

如果家中来了客人，父母可以和孩子商量：“我现在要和叔叔阿姨有事情谈，你自己去搭乐高可以吗？”可以让孩子去做他感兴趣、没有难度、不需要多少互动的事。比如看动画片、和朋友玩玩具或和爷爷奶奶视频聊天等。

2. 约定说话的暗号

父母私下和孩子约定好，在父母和朋友说话或通话时，如果自己想说点什么，就拉一拉父母的衣角，或是牵一牵父母的手，或是其他的小暗号。

当父母领会孩子的示意后，需要看一看孩子，或是回握孩子的手，让他明白“我们知道你有话想说，一会就给你时间说，稍等一会儿”，父母提醒的次数多了，孩子就会形成安心等待的习惯了。

3. 帮孩子解决着急的问题

有时，孩子是真的急需帮助，比如上厕所、有东西进了眼睛等，父母要教会他们礼貌地告诉大人，讲出自己的需求。

4. 给孩子立下规矩

父母可以与孩子一起制定规则，约定什么情况、什么场合一定不可以插话。比如，孩子与同学说话时，没提到爸爸妈妈，父母就不能插嘴，或是孩子在打电话时，父母不能插嘴。又比如，父母与老师交流时，或父母在招待客人时，孩子不能插话。如果有人违反了规则，就必须接受一定的惩罚。

3. 培养孩子善于倾听的习惯

场景回放

许天天："鹏鹏，你看这张奥特曼卡片……"

鹏鹏："我家里有全套的奥特曼卡片，我爸爸给我买的，我舅舅还给我买了一套绝版诺亚奥特曼。"

许天天沉默地走开了。

场景分析

孩子不善于倾听的原因可能有两种：第一，孩子之所以等不及别人说完话，不愿意倾听，是因为他们没有耐心去听别人的长篇大论，尤其是性急的孩子；第二，父母不良的倾听习惯影响了孩子，让孩子不愿关注、倾听周围。起初，孩子对世界充满了好奇，是非常乐意倾听和表达的，但父母总在无形之中破坏孩子的这些能力。

回想一下，当孩子兴高采烈地与父母分享、诉说时，父母是否会在不经意间粗暴地打断他们，说："好了，自己去玩吧，妈妈要做饭去了。"被打断、忽视的次数多了，孩子就不愿意开口了。更糟糕的是，孩子会从父母的身上学到一种错误的倾听方式，让他们在别人说话时"顾左右而言他"。

形成了这种倾听习惯的孩子，性格会越来越自我，对待自己不想听、不感兴趣的会主动漠视。甚至在与别人交谈时，孩子会不分场合地打断别人的讲话，意图将所有人的目光吸引到自己身上，这样反而更容易遭到周围的忽视。在这种“双向忽视”的长期作用下，孩子更容易陷入自己的小世界，拒绝倾听外界的声音。

学会倾听，有时比表达更重要。倾听不仅仅代表着礼貌，也是一种释放善意的行为。被尊重、被懂得，是许多人共同的渴望。懂得倾听的孩子，可以更好地理解其他人的想法，更明白如何安抚、照顾别人的情绪。善于倾听的孩子，在与人交谈中，会很受欢迎。

给父母的建议

倾听是一个听的过程，也是一个学习的过程。良好的倾听习惯，不是一朝一夕就能养成的，需要父母根据孩子的接受能力，引导孩子安静地听别人把话说完。

1. 引导孩子说

孩子会“倾听”得益于被父母倾听，当孩子在父母的倾听中感受到被理解、被尊重、被支持，自然就会在与人交往中懂得倾听别人。

比如，孩子回家后不高兴，父母不要直接选择无视，甚至指责他“摆个苦瓜脸给谁看？”这只会关闭孩子与你沟通的门，让负面情绪在孩子内心聚集、累加。不妨试着引导孩子说出来，当孩子讲述的时候，只要认真倾听，不必做任何评价。哪怕孩子表达的是愤怒、抱怨，也不要急着发表意见，更不要教训他。

2. 让孩子体验说话被人打断的感觉

如果孩子总是改不掉随意打断别人的坏习惯，建议父母也经常打断他的说话，让他体会不被别人倾听、尊重的感受。

比如，孩子赢得了英语竞赛的名次，在他与父母分享时，爸爸就可以故意与妈妈对话，打断孩子，这样，就能让孩子记住。然后借机告诉他："你被爸爸妈妈打断、忽视，是不是特别憋屈？要是你这样打断别人，别人心里也不舒服，对不对？"

体验过被打断的感受，孩子就容易认识到自己的错误，并愿意改正错误。

3. 给孩子演示如何倾听

趁着孩子插话的时候，父母告诉孩子："那你先说。"接着，认真地听孩子说完，然后反问一句："你确定说完了吗？我刚刚非常耐心地听你说完了，现在轮到你耐心地听我说了。等我说完了，你再说你想说的，可以吗？"这样一来，孩子就能知道礼貌的交流方式应该是怎样的。

另外，父母可以再教给孩子一些关于"倾听"的细节。比如"听别人说话时，我们面带微笑，不要太紧张，可以点点头，这样氛围会轻松一些""不要总是做小动作，这样别人会觉得我们不耐烦"或是"如果你对别人说的话非常感兴趣，可以问他'然后呢，接下来怎么样'了，这样别人会更乐意和你说话。"

4. 引导孩子远离“语言暴力”

场景回放

班上转来了一个女生，怯生生的，每天坐在自己的座位上，不与人交流。课间时，袁江凑过去说：“你怎么每天都不说话呢？是不是不会说话呀？”

康云涨红了脸，动了动嘴皮子，却一个字也没说出来。

场景分析

语言暴力，是指带有嘲讽、诋毁、谩骂、侮辱等歧视性的语言，容易给孩子留下心理阴影。

孩子是如何成为一个语言暴力的实施者的？调查显示，孩子学会使用语言暴力主要有三个途径：

一是父母：父母面对矛盾时的语言发泄，生活中他们随口的脏话，会直接影响孩子的用语习惯；

二是朋友：同学之间的玩笑话或高年级孩子对低年级孩子的谩骂，会让孩子们效仿；

三是媒体：电脑、手机等各种电子产品中的不文明用语就是一种听觉刺激，虽然孩子只是随便一瞥，却能留下深刻印象。

精神学专家在研究大脑皮层中的语言中枢时发现，脏话属于低级语言，是脱口而出的，而具有针对性的暴力语言，则是有意识的。

比如，年纪特别小的孩子在说不好的词汇时，通常不知自己所云，只是单纯地模仿。蒙台梭利就曾说过：“孩子在学习语言的时候，其实是在完全没有意识的状态下开始学习的，当语言发展结束之后，就自然地成了大脑的一部分。”

而大一些的孩子常常说脏话，甚至用语言暴力伤害别人，这多半是在发泄自己的情绪。例如，当孩子看到令他吃惊的事物时，可能会用一些网络语言表示自己的震惊；或是他们特别委屈、愤怒时，会说出暴力性语言来发泄自己的情绪。

无论什么原因，如果父母听到了孩子使用语言不当，就非常严厉地训斥、打骂孩子，孩子反而会因此叛逆。父母要做的就是，心态要保持平和，了解清楚孩子这么说的背后原因，教会孩子正确地面对自己的情绪，学会尊重别人。

给父母的建议

一旦发现孩子有了语言暴力的苗头，要及时引导孩子远离“语言暴力”，具体做法参考如下。

1. 给孩子解释脏话的具体含义、使用情境

孩子虽然小，但理解能力很强。如果发现孩子使用语言暴力，那么请父母将他们看成大人，进行一次交流。运用具体、真实的社会案例，给孩

子解释、说明，让孩子明白暴力语言会给人造成什么样的伤害。

如果孩子难以共情，父母可以亲身示范使用暴力语言和文明语言的区别，让孩子体会两种情境的心情。当他们感受到不被尊重，被语言影响心情后，他们就会引起重视与思考，纠正自己的行为。

2. 用其他词语和说法吸引孩子的注意

幼龄的孩子，改掉说脏话的习惯相对容易些。例如，当孩子看到好玩的事物时，父母用“天哪”“哦哟”等文明用词，就会不知不觉地改变孩子的用词习惯。

年龄稍大的孩子，建议父母多准备一些字典、辞典，引导孩子学习更多的文明词汇，用婉转调侃的褒义词来表达自己的想法与情绪。

3. 制定关于“语言暴力”的禁忌事项

想要改变经常使用暴力语言的孩子，是一件难度大、耗时长的事。刚开始，父母可以与孩子一起，确定一些规矩。

比如，在公共场合、长辈面前禁止说脏话、坏话；对陌生人、弱者说话要三思，不能使用不好的词汇，如“恶心”“笨蛋”等贬义词；禁止给同学恶意起外号……父母在平时的交流中也要做表率，与孩子互相监督、互相纠正。

5. 让孩子养成借东西时要征得对方的同意的习惯

场景回放

从朋友家回来，佑佑从背包里拿出了一个芭比娃娃。妈妈："佑佑，娃娃哪儿来的啊？"

佑佑头也不抬地回答："是颖儿的！"

妈妈："她送你的吗？"

佑佑说："不是啊。"

妈妈："那你带回来和颖儿说过吗？"

佑佑摇了摇头，说："我觉得好看，就借回来玩两天。"

场景分析

未经同意就带走朋友的玩具，未经同意就用别人的文具……这些情形在我们的日常生活中偶有发生。父母千万别以为这是小事，想要借用他人物品，需事先征得主人的同意，这是孩子待人接物最基本的一个礼仪。

有些孩子可能认为，玩得好的朋友之间不分你我，所以借东西时不用打招呼。真的是这样吗？

一位高校学生在接受采访时说："室友买了一台电脑，还没怎么用，就成公用的了。其他室友常常是问都不问就开始用电脑，用完了也不关机，这实在有些令人反感。"无论是像电脑一样贵重的私人用品，还是像纸巾一样的日用品，不借就用就是不尊重别人。

《弟子规》有言：“用人物，须明求；倘不问，即为偷。”

父母要让孩子懂得，别人的东西不是自己的，想要用时，一定要当面征求主人的同意。而且，第一次借要打招呼，之后再借，同样还需要打招呼，不可因为之前打过招呼，后面就随意拿用。

生活中，有的孩子，觉得每次打招呼太麻烦，既然说过要借用，再借用的时候，就可以不打招呼了。比如，孩子总是忘记带卷笔刀，每次都借同桌的，次数多了，就直接拿去用了。这是不对的。借了一次，甚至两次三次，并不代表着就有一直使用别人东西的权利。再次借用，仍然需要打招呼，须经过主人的同意。在孩子缺乏秩序感的幼龄时期，让他们确立边界感，教会他们有借有还，有利于规范他们的品行，养成良好的社交习惯。

给父母的建议

父母可以通过一些小技巧，强化孩子借东西要打招呼的记忆，并教会孩子如何做到好借好还。

1. 用“顺口溜”让孩子记住：每次借用都需征得主人同意

如果孩子总是记不住，父母可以与孩子一起背诵顺口溜，挂在嘴边，记在心上。如“借人物，需明求，答应后，再拿走；使用完，按时还，道声谢，易再借”等。

2. 教孩子使用礼貌用语，正确提问

教孩子在借东西时，使用“请”“麻烦”“打扰”“谢谢”等基本的礼貌用语，表达对主人的尊重，主人也更愿意借出。

如果孩子很喜欢朋友的玩具，就直接拿起问：“这个玩具借我玩几天，行吗？”这样唐突的问法，很容易遭到拒绝。

可以教孩子委婉表达：“我很喜欢你的这个玩具，想借来玩一下，你也可以从我的玩具里随便挑一个玩，可以吗？”以商量的语气，将“借不借”“如何借”的问题交由朋友来选择。

3. 被拒绝时，教孩子不说气话

借东西被拒绝，是一件很平常的事，但孩子可能接受不了。父母可以用自身被拒的故事，给孩子做好心理建设。

如果借东西被拒绝了，父母要让孩子明白一些无礼的气话是不能说的，比如“你怎么这么小气，我不和你玩了”“不借就不借，真讨厌”，等等。这样的话一说出口，就会伤了孩子之间的和气。

4. 让孩子记得定期归还

在借东西时，孩子需要跟对方约定好归还时间。到了归还日，孩子要将东西完好无损地还回去。如果东西破损，孩子也要和主人打个招呼，协商好赔偿事宜。父母需要告诉孩子，这样做能给别人留下言而有信的印象，下次再借也容易。

6. 培养孩子换位思考的能力

场景回放

妍妍："我饿了。"

妈妈："妍妍，我今天不舒服，不能给你做饭了。"

妍妍："那我岂不是没饭吃了？"

妈妈心里一阵难过，但还是尽量平静地说："我给你叫外卖吧？你想吃什么？"

场景分析

孩子从小就是家里的"掌中宝"，被爱浇灌着长大。可是当父母、老师需要帮助、理解的时候，他们就袖手旁观了。一个被爱包围的孩子居然不懂得去爱别人，多匪夷所思啊！

其实，孩子这样的表现，是因为他们没有换位思考，不具备同理心。生活中，无论发生什么，他们只在意自己的想法，至于别人经历了什么、怎么想，他们全然不在意，更别谈对别人施以援手了。

由于不会换位思考，在孩子与人交往时，就不会顾忌场合，也不会顾忌当场有哪些人，说话张口就来，做事随心所欲。这样的孩子，人人敬而远之，很难交到知心的朋友不说，还容易招来口舌之争。

为何孩子缺乏换位思考的能力呢？一个重要的原因是，父母不重视孩子的情感共鸣教育。

有些父母认为“慈母爱子，非为报也”，他们只顾着让所有人围着自己转，却不懂满足别人的情感需求，更不会照顾别人。

有些父母则是将关注点全放在了孩子的学业上，一切服务于学习，以致孩子的情感教育非常欠缺；还有一些父母过于冷漠，对孩子的情绪表达没有任何回应，使得孩子的情绪被漠视。

另一个原因是，孩子被保护得特别好，就是温室里一朵未曾经历过风吹雨打的小花。当别人诉说着自己的困难时，他们无法产生共情。而且，他们没有经验去处理这些情况，有时还会在不知不觉中说错话，唐突了别人，也破坏了自己的人际关系。

而那些会换位思考的孩子，明显情商更高，人缘更好。他们可以察觉到别人的难处，既能锦上添花，又能雪中送炭，为别人送上安慰与帮助。这样的孩子能很好地融入团队合作中，赢得许多人的信任。当他们遇到困难时，也会得到更多的帮助与支持。

给父母的建议

瑞士著名的教育学家皮亚杰曾经做过一个很著名的三山实验。

实验准备了三座高低、大小、颜色都不同的假山模型，孩子从四个角度去观察这三座假山。接着，在假山的另一边放了一个布娃娃，孩子面对假山而坐。皮亚杰让孩子从四张图片里指出哪一张是布娃娃看到的“山”。

结果，四岁以下的孩子大部分只能从自己坐着的方向来描述“三山”的图像。而四岁以上的孩子就能正确地选出图片。这说明，当孩子长到四岁左右时，就已经具备了从其他的角度去看待问题的能力，此时，父母就可以来培养孩子换位思考的能力了。

1. 教会孩子识别和应对各种情绪

父母可以通过绘本、动画片、表情卡片等，让孩子认识各种情绪。父母也可以在具体的情境中表演出不同的情绪，让孩子直观地看到难过、开心、生气、恐惧的不同表现。

孩子还需要学会各种情绪的应对方法，才能做出正确的反应。比如，当别人开心的时候，孩子可以开怀大笑，一起分享快乐；当别人郁郁寡欢时，孩子可以轻声安慰，默默陪伴，传递温暖；当别人十分害怕时，孩子可以用拥抱提供安全感，保护别人……感同身受之后，孩子就具备了共情的能力。

2. 让孩子学着照顾家人

父母可以主动示弱，让孩子充当“照顾者”的角色。这样，孩子就能明白，自己从别人那里得到的关爱都是来之不易的。在平时生活中，父母适当地将生活中的家务、工作上的烦心事、身体的不适告诉孩子，寻求孩子的帮助，这样能更好地引导孩子主动思考、换位思考。

3. 多带孩子参加公益活动

父母可以多带孩子去参加社区志愿活动、敬老爱老公益服务等。孩子亲身实践的次数多了，自然就会愿意为别人着想，伸出援手。

4. 把握住生活中的“随机教育”

父母可以抓住生活中的细节，进行换位思考教育。如楼上邻居的拖鞋声特别响，影响孩子睡觉，此时可以让孩子记住“在地板上乱跑乱跳，会影响楼下邻居休息。”

又比如，与孩子一起出去吃饭时，服务员的态度非常恶劣，上菜时摔盘子，父母可以借此告诉孩子：“上次来，这个服务员还一直笑呵呵的呢。今天她的这个样子，可能是遇到了什么事。”

利用生活中的细节，多引导孩子去观察，孩子的同理心就会越来越强。

7. 教孩子正确表达拒绝

场景回放

章程同学的学习成绩很好，性格也特别温和，和朋友同学关系非常融洽。一次假期，老师布置了很多作业。同桌陈亮因为贪玩而耽误了作业完成的进度，就向章程借了作业。章程不好意思拒绝，就答应了同桌的要求。开学后，老师检查作业时，发现了陈亮和章程的作业答案一模一样，对他们俩同时进行了严厉的批评。

场景分析

当朋友遇到困难，提出请求时，孩子可能觉得，如果自己拒绝了，别人会很尴尬，就会不喜欢自己了。

著名教育学家苏霍姆林斯基曾经说过：“没有自我的教育是失败的。”

谦让、助人也不是没有底线地对别人有求必应。在孩子懂得谦让的同时，父母要让孩子学会明辨是非，认清自己的能力，顾及自己的感受和意愿，选择性地拒绝。

学会拒绝，是孩子对自己内心的尊重，能守住与人交往的边界感，人际关系更健康。那些连拒绝别人都会打退堂鼓的孩子，会过分在意别人的情绪，最终变成“讨好型”人格。

学会拒绝，能让孩子远离自闭。如果孩子独自承受着不拒绝别人带来的委屈、郁闷，会越来越不愿意开口说话。他们不懂得如何向别人倾诉自己的委屈，更不懂得自己为什么不能拒绝别人。在不断的情感内耗中，孩子就会封闭自己，不愿与朋友交流。

正确地表达拒绝，并不是说一个“不”字就能解决的。孩子不仅要勇敢地表达自己的意见，还要注意使用什么样的方式，让“拒绝”变得更加委婉。

给父母的建议

教孩子正确地表达拒绝，具体要如何做呢？

1. 表达拒绝，从肢体语言开始

如果孩子还小，表达能力不够的时候，可以教孩子使用肢体语言表达拒绝。比如，摆摆手、摇头等。

孩子大一点，也可以教孩子搭配语言使用。比如，当孩子的玩具被小朋友抢，可以教孩子用摆手表示不可以，并后退几步，用手指向其他玩具，说："这个我正在玩，那个玩具也很好玩，你可以玩的。"

这种方式也适用于安静的场合，比如上课时，后桌同学拍自己的肩膀，孩子可以转过头，对同学笑一笑，再坚定地摇摇头，表示婉拒，再转回来认真上课。

2. 教孩子学会"转折式拒绝"

面对不好直接拒绝的请求时，可以教孩子先表达共情、理解，或者是赞美，然后再提出合理的理由，加以拒绝。比如"这看起来真好吃，可惜我不喜欢这种口味，谢谢你！

"我也很想帮助你，但我回家晚了，妈妈会担心的。

"我知道你没铅笔了，可我也只有这一支了，抱歉。"

这种迂回式的拒绝方法比较温和，更容易被接受，而且还不伤感情。

3. 教孩子给别人建议式拒绝

如果孩子确实没有理由拒绝别人，可以给对方提供建议，让对方做出其他选择。

比如"我现在正在帮老师收作业，要不让你们组的小组长帮你讲讲这道题？""我也没想出这道题怎么做，要不你先问一下其他同学？""我特别不擅长踢球，不过我听说隔壁班小朝踢球特别厉害，你可以邀请他。"

用新的建议吸引别人的注意力，将问题抛给别人，也是一种进可攻、退可守的交流方式，还能帮别人解决困扰的问题。这是孩子特别需要掌握的拒绝技巧。

第三章

懂礼仪的孩子处处受欢迎

1. 过年了，如何让孩子懂事又懂礼

场景回放

大年初二的早上，妈妈带着林林去外婆家拜年，屋子里人很多。

场景分析

春节不仅是一个全家团圆的喜庆节日，也是一个饱含祝福的节日。父母可以借此机会，让孩子在欢乐之中体味传统礼仪教育的意义与趣味。

如今，春节的礼仪又逐渐融入了新的内涵。吃团圆饭如何“敬酒”、如何给远方的长辈电话拜年……孩子对于这些礼节的认知有限，需要父母多加解释和引导。

虽然春节礼仪众多，但也并非是僵化、烦琐的，因此父母不必过度地强求孩子表面上做到滴水不漏，否则这就成了一种束缚。

对于不少孩子来说，他们其实并不喜欢过年，甚至越到春节，越不听话，闹得家里家外都不太平。从心理学角度来说，这是因为隆重的春节打破了孩子心中的秩序感。

所以父母要让孩子明白春节的意义，懂得遵守“心礼”“循规蹈矩”的真正意义，给孩子做好心理建设，维持好心中的秩序感。这样，孩子才能自发地展现出有礼貌、有教养的状态，收获大家的赞美。

给父母的建议

父母要做孩子的护盾，接纳他们的情绪和行为，鼓励他们调整好心态。学会以下春节礼仪，可以使孩子更好地融入集体。

1. 贺岁拜年

父母可以教会孩子说一些简单的祝福语，如“新年快乐”“岁岁平安”“恭喜发财”“四季如意”等。如果孩子比较害羞胆小，在见到别人时，父母可以带头问声“过年好”，场面气氛起来了，孩子打招呼问好就非常自然了。

2. 红包礼仪

父母可以告诉孩子，长辈给的红包也是祝福的一种。在接红包时，教孩子双手接过，并说“谢谢”，送上自己的祝福。接过红包后，孩子不能当场拆开，而要珍重地放进口袋里。

3. 说话礼仪

春节期间，“迎来送往”是每家每户的常态，孩子尤其要注意说话的礼仪，以免引起不快。

家里来客时，教孩子主动倒茶、拿点心。父母忙时，孩子可以做个陪聊的“小开心果”，也可以帮父母做力所能及的事情，让他们可以坐下来陪客人。

走亲戚时，提前告知孩子不要乱插话，不可以乱动别人家的东西，要安静地聆听长辈们聊天。当被问问题时，教孩子大方自然地回答，避免支支吾吾，或者声音如蚊。

4. 电话礼仪

过年时少不了电话问好，也要教孩子学习必要的相关礼仪。比如接电话时用“您好”“请问”“请等一下”等，挂电话时用“祝好”“再见”等礼貌用语。

打电话拜年时，让孩子放轻声音，有问有答。若自己说完了，需要礼貌地询问对方是否需要转接父母，不要贸然挂断。大人打电话时，教孩子不要在一旁抢话或大声嚷嚷。

2. 教孩子正确的QQ和微信聊天礼仪

场景回放

线上教学期间，五年级学生丁斐乐想找老师询问一下期中考试的事情，就从班级群点开了老师的微信账号，接连点击了三遍“申请添加为好友”。正忙着工作的老师还没来得及通过申请，丁斐乐直接就在班级群里@老师，问：“老师，你怎么不加我呢？我都申请了好几次了！”

场景分析

微信、QQ等社交软件慢慢地变成师生交流互动必备的学习工具。

在微信或QQ上与人聊天，不同于现实生活，看不到对方的面部表情变化、肢体动作，仅靠文字传递的信息十分有限，很容易引发误会或者尴尬，甚至会给别人造成困扰，引发矛盾。

例如，长辈发了几段长文字教诲孩子，而孩子只回了“嗯！”简单的一个字加一个感叹号，长辈可能就会联想到许多种可能，孩子是生气？是敷衍？还是深以为然？还是想表达自己的认同感？加叹号是什么意思呢？

网络礼仪主要包括三个方面：打招呼礼仪、交流礼仪和表达礼仪。从如何问候、称呼，到如何和谐、愉快、准确地理解和交流，以传达出自己的态度与情绪……

如今的孩子，基本从小学就会使用微信了，微信好友里不仅有同学朋友，还会有老师、长辈等。无论是与人单独聊天，还是在群里发言，都要保持礼貌，不乱讲话，不乱发表情包，避免招人厌恶而不自知。

给父母的建议

孩子可能比较欠缺与网络礼仪相关的知识，对这些知识也缺乏一定的辨别能力，这就需要父母提前扫清一些认知障碍，尽快帮孩子熟知这些礼仪。

1. 帮孩子制定“网络礼仪表”

父母可以收集一些常用的、重要的网络礼仪知识，供孩子参考。

具体内容可包括：添加好友注明来意，主动打招呼；有事直接礼貌询问，不兜圈子浪费别人的时间；及时回复信息，态度诚恳，不便时留言备注“正在忙”；聊天尽量打字，不发语音；正确巧妙地使用表情符号和网络热词；不在凌晨等不适合的时间打扰别人；不发表任何攻击性言论；结束对话时主动说“谢谢”“再见”等礼貌用语……

父母和孩子可以根据自己的所见所闻、亲身经历，不断在表内填充新的礼仪知识点，以免出现不必要的误会。

2. 陪孩子观看网络礼仪培训讲座等

如果父母担心自己的经验有限，可以让孩子多看一些关于网络礼仪的文章、讲座等，观看相关的视频教学，更全面地学习社交软件的聊天礼仪。

3. 鼓励孩子参加网络礼仪知识竞赛

父母可以鼓励孩子报名参加网络礼仪知识竞赛，在与其他小朋友的比拼中，加深网络礼仪的印象。如果能取得名次，孩子就更愿意遵守网络社交的礼仪。

3. 懂餐桌礼仪的孩子更受欢迎

场景回放

妈妈带着连连和朋友聚餐。在吃饭时，连连不断地转动餐桌，把自己喜欢的菜都转到面前，其中一盘香炸鱿鱼圈的一大半都被他夹到了自己的碗里。

场景分析

孩子一上餐桌，等不及长辈说话就开始动筷，用筷子在盘子里挑三拣四，有时还会直接对着饭桌咳嗽、打喷嚏……

一方小小的餐桌，是最能体现一个人修养的地方。短短的一两个小时，同桌人就能从孩子的习惯、爱好及各种表现中看清，这个孩子是否有礼貌、家庭教育是否到位。但在现实生活中，许多父母并不在意孩子在餐桌上的行为。一则是父母认为孩子还年幼，无须在吃饭时约束太多，结果就养成了不好的吃饭作派。二则是父母平时吃饭也是狼吞虎咽的，不太讲究用餐礼仪，也不知晓用餐礼仪的重要性。因而，孩子不知不觉间就养成不好的用餐习惯。三则一些父母过于溺爱孩子，觉得孩子在餐桌上的一切行为都是可爱的，便放任他们无礼。

在这些错误观念的影响下，孩子就长成了人见人嫌的“熊孩子”。因此，父母需要先改变自己的观念，然后再纠正孩子的行为。

一位妈妈在网上分享了教育孩子“护食”的案例，她女儿小时候时，她总喜欢将自己爱吃的菜全放到孩子跟前，即便有客人在也毫不收敛。她后来才意识到平日里，她总是不自觉地将孩子爱吃的都摆在孩子面前，还在家人面前强调这是女儿爱吃的。时间长了，就把女儿惯坏了。

后来每次吃饭时，这位妈妈就不再迁就女儿了，还特意将她爱吃的菜摆在自己面前，告诉她：“这道菜，爸爸妈妈也爱吃。”女儿便慢慢地学会了与人分享美食。

对孩子来说，餐桌上的一举一动，不仅是一种礼仪，更是一种能力，将有助于他获得好的社交。

给父母的建议

想让孩子在餐桌上做到懂礼而又不被太多条条框框的规矩束缚，就得靠父母平日里的示范和引导了。

1. “润物细无声”的形教远胜千万次唠叨

孩子的一日三餐大多是与父母共进的，只有父母重视了餐桌礼仪，孩子才会跟着学。相较于太强硬地直接发号施令，不如父母亲身示范更有效。

例如，父母可以在平时用餐时，轻拿、轻放碗筷，不玩手机，认真吃饭；与长辈聚餐时，父母需要主动帮长辈入座，等长辈先动筷；外出用餐时，餐前、餐后对服务员礼貌地说“谢谢”；或是在与朋友聚餐时，使用公筷分享美食……孩子直观地看到这些正确的用餐行为，他们就会去模仿。

2. 教孩子在餐桌上保持安静

如果是带孩子出去就餐，她在餐桌旁大声喧哗，或者到处乱跑，是很没礼貌的行为。所以在出发前，父母最好先给孩子打“预防针”，告诉他到了餐厅要保持安静，并和他商量保持安静的方法。比如，带一本书或者玩具以打发等餐时间。

3. 教孩子就餐时“坐有坐相”

不能歪着、斜着或趴着，也不可大声喧哗，或者边玩边吃，甚至爬到桌子底下玩耍；更不能脱鞋，或把脚跷到椅子上，甚至桌面下，也不能把脚伸得太长以至影响到对面的人。

4. 别让孩子养成对热的食物吹气的习惯

很多家长都习惯对着热的食物吹气后，然后再把食物喂给孩子，然后孩子也受影响养成了这个习惯。这种做法并不值得提倡，餐桌上，要教孩子等食物自然凉了再吃，如果是不小心将烫的食物放进嘴里，要让孩子背过餐桌，吐在餐巾纸或垃圾盘中。不能因为太烫而大张着嘴呼气，或者用手扇风，会引起其他进餐人的不快。

5. 在特定的时间、场合教会孩子特定的用餐礼仪

中式餐桌、西式餐桌、儿童节聚会上的自助餐、中秋节的团圆饭、白

喜事酒席，这些含有一定的特殊意义的场合，需要与之相符的餐桌礼仪。只教会孩子平常的用餐礼仪，恐怕难以应对这些场合。因此，父母可以借助这些机会，引导孩子学会比较特殊的用餐礼仪，以备不时之需。

例如，中式餐桌比较忌讳将筷子插在米饭上、敲空碗、扣碗等；西式餐桌忌讳用刀插着食物吃；吃白喜事酒席，孩子还可能需要注意着装、表情，不能违和失礼。

在教会孩子这些特殊礼仪时，父母别忘了告诉他们其中的缘由，这样更能加强他们的自觉性。

4. 让孩子养成守时的习惯

场景回放

“来不及了！来不及了！他们肯定还在等着我呢！”叶子慌慌张张地背起背包，冲出门外。她和朋友们约好了8点集合，一起去动物园。结果，朋友们等了她足足半个小时。

场景分析

孩子长大后与人交往的习惯，都是从小习得的。如果孩子从小在和小伙伴约定后，遇到更好玩的事就全然抛之脑后，或者没什么原因就反悔不去了，长大了也不会重视约定。

守时，是一种基本的社交礼仪。它代表着一个人的诚信、人品，以及一个人对他人的尊重。德国哲学家康德曾说：“无论是对老朋友，还是对陌生人，守时都是一种美德，代表着礼貌和信誉。”的确，一个人有多守时，就会有多靠谱，也就有多值得交往。

在小事上守时，体现的是认真踏实的态度。这样的孩子因此能赢得更多朋友，将会走得更远。

如果孩子觉得爽约一次或者迟到几分钟没关系，父母一定要纠正他。这绝非是小题大做，因为一个人的信誉正是被这看似不起眼的一次爽约或者几分钟的晚到毁掉的。作家池田大作说：“信用是难得易失的，费十年工夫积累的信用，往往由于一时的言行而失掉。”

给父母的建议

孩子不守时，可不仅仅是孩子的问题，家长也有责任。那么，要帮孩子养成守时的好习惯，具体该怎么做呢？

1. 给孩子引入“时间”的概念，重视“守时”

“妈妈，我明天不想去上学”。想必父母经常能听到孩子这么说，此时，孩子就已经主观地开始萌生了关于时间的概念，父母就可以给孩子介绍“一周”“周末”“学习日”的概念了——“你坚持到周五，我们周六出去玩，好不好？”孩子经这样引导以后，就能明白周五是上学的最后一天，周末就能玩耍。

随着对“每天”“每小时”“每分钟”的了解，孩子就会逐渐意识到每个时段他需要做什么，让自己做个守时的人。

2. 利用“时间倒推法”教会孩子如何准时赴约

起初，父母可以让孩子记住一些固定不变的时刻，如上学时必须7点起床，晚上8点半之前要做完作业，每年爷爷奶奶的生日那天要准备礼物……

然后，父母可以教会孩子用“倒推法”规划更加具体的时间表。如果孩子早上7点要起床，那么前一晚9点半必须上床，10点左右入睡。又比如，爷爷奶奶生日的前一周，需要准备一份礼物；或是，与小伙伴约定了下午3点打球，那么考虑好距离、交通方式，1点半左右出门；等等。

如果孩子理解起来有困难，可以利用简单的思维导图，一步一步向前推出最合适的时间点。

3. 让孩子承担不守时的后果

在训练孩子守时的过程中，父母不要“喧宾夺主”，一边着急地催促，一边上手干预孩子。看似能让孩子准时，却无法从根本上解决问题。父母完全可以放手，任由孩子不守时，迫使他承担迟到以后被别人嫌弃、事情变得棘手等后果。

父母甚至可以利用一些孩子特别重视的事情，如约定参加团体竞赛、与老师约定见面等，不刻意提醒孩子准时。这样，孩子反而会醒悟过来，认真地安排时间。

4. 巧用闹钟

对于心有余而力不足的孩子，闹钟是一个很好的辅助工具。如果孩子还不能做到听到闹钟就有所反应，可以提前设好两到三个时间间隔较短的闹钟，多次唤醒孩子的行动力，治好孩子的拖延症，从而准时赴约。

5. 教孩子学会“礼尚往来”

场景回放

妈妈在帮儿子毛毛收拾书包时，发现他的包里总有许多新鲜的小物件，一问才知，都是同学送的。

妈妈：“你怎么可以随便收同学的东西呢？这可是个坏习惯。”

毛毛解释：“这些都是同学们送的，我们关系好。”

妈妈：“那你收了别人的礼物，要记得给对方回礼，这叫礼尚往来。”

毛毛：“嗯，我知道。”

场景分析

常言道“来而不往，非礼也”，孩子只收不送自然是不礼貌的。孩子之间互送礼物，不仅是交往中的一种小礼节，也是一个增进情谊的好方法。

一件小小的礼物，代表的是心意，传达的是感情。比如给老师送鲜花，表达的是感谢老师对自己的关心和付出；给小伙伴送礼物，表达的是自己对朋友的喜爱之情。

著名儿童教育专家孙瑞雪认为，对于幼儿园、小学阶段的孩子，在进入人际交往的敏感期时，他们就会不自觉地表达出“我最好的朋友某某”，并赠送礼物给他，表示自己的重视与认可。孩子与朋友之间的这种交互行为，简单来说就是，你对我好，我也对你好。孩子们的这种行为，次数越多，他们的关系就越亲密、越稳定。

给父母的建议

《礼记》中有：“礼尚往来，往而不来非礼也。”礼尚往来是一种传统美德，也是帮助孩子建立和维护友谊的基本准则。父母要引导孩子懂得礼遇他人，在人际交往中绝不贪、不占别人的小便宜。那么，父母该如何教孩子礼尚往来呢？

1. 教孩子挑选朋友喜欢的小礼物

父母要告诉孩子，在挑选小礼物的时候，要先了解对方的喜好，选对方喜欢的。如果送的小礼物对方压根就不喜欢，那就失去了意义。

如何知道对方喜欢什么？可以教孩子学会观察，比如对方是个男孩子，经常会带奥特曼卡片到学校，那就可以推测对方喜欢奥特曼。如果对方是女孩子，喜欢做手账，那就可以推测对方会喜欢贴纸等一些小的装饰品。小孩子的交往比较简单，也可以教孩子直接询问对方喜欢什么。

2. 教孩子送礼“不攀比”“礼轻情意重”

孩子交朋友也会有虚荣心，希望自己送出的礼物是最好的。好的礼物不在于多贵重，而在于心意好。

此时，父母不妨告诉孩子：“孩子，我们可以送一个更特别的、更有趣的礼物，相信能让别人大吃一惊。”比起昂贵的礼物，自己的书法、绘画作品、小工艺品等，更有诚意，也更适合收藏纪念。

父母可以与孩子一起动手做贺卡、录有祝福的录音带、手工瓷器等小礼物，来传递自己的情谊。如果双方都能自得其乐，构建起友谊的小桥，这份礼物才是有意义的。

3. 不要干涉孩子互换礼物

如果互换礼物的价格实在相差太多，父母应提前与孩子商量好：“交换物品时，一定要告诉自己和朋友的爸爸妈妈，让爸爸妈妈来见证你们这个隆重的交换仪式，好不好？”这样，既能让孩子继续正常地社交，又能避免一些不必要的麻烦。

6. 教孩子学会正确安慰别人

场景回放

期中成绩公布了，乔念的同桌木木下降了十几名，趴在桌子上小声地抽泣着。

乔念：“木木，别难过了，你的成绩后面还有好几个人呢，大不了下次咱们好好考！”

木木一听这话，直接放声大哭。

场景分析

生活中，孩子需要面对层出不穷的复杂社交情境，要学着去安慰别人。父母工作不顺心了，回到家需要倾诉一下；同学或朋友遇到烦心事了，也来抱怨一二；老师因为班级矛盾而烦恼，闷闷不乐……他们都是需要安慰的人，但孩子的词汇实在有限，安慰起来也显得苍白无力。

“你不要难过”“没事的”“想开点，没什么大不了的”“需要我帮忙吗？”如果孩子只会这些安慰的言语，不仅无法舒缓别人的情绪，还可能会伤害到同学、朋友的内心。为什么会这样呢？

假大空式、含有否定意义的安慰语，会让被安慰的小伙伴们感到自己被轻视。例如，“不至于那么糟糕”“你别这么想”“放心吧，会慢慢好起来的”……这类语句，可能是孩子安慰人时常说的话，仿佛确实是在宽慰。但在小伙伴们听来，他们可能会以为，这是一种暗含“你把一切弄得一团糟”“你太敏感了，想的真多”等意义的指责。

一旦小伙伴们觉得，自己的情绪与感受被朋友完全否定、忽视了，就会觉得自己不受尊重。即使孩子劝慰半天，也不一定有半点效果，反而容易引发与小伙伴们的意见不合与吵架的现象。

如果被安慰的小伙伴误解了，那孩子凑在跟前说再多，也只是一种居高临下的同情，而非真心的安慰。而且，自己的情绪还没发泄完，还得照顾“更惨”的孩子，有苦难说。

心理咨询师高薇认为，在心理咨询中常常会用到“自我暴露”的方法，但讲求时机。如果孩子在安慰小伙伴时，一上来就轻易地比惨，就相当于否定了别人情绪的合理性，无法产生共情，甚至可能会将谈话的中心转移到自己身上，彻底忽视别人的感受。

孩子彻头彻尾地表示支持，也不是正确的安慰方式。如果孩子将“我懂你”“我明白”“我完全理解你的感受”挂在嘴边，那么小伙伴会觉得这是特别敷衍的安慰。毕竟，要完全地理解一个人，明白别人的难处，是非常困难的事。停留在语言上的支持，无法取得伙伴们的信赖。

还有一种错误的安慰方式是，孩子一上来就和父母、同学讲道理。其实，孩子们都在学习、成长，道理谁都懂，可情绪控制确实很难。

教孩子学会正确地安慰别人，其关键就在于接受同学、父母的情绪，并陪伴在身侧，提供力所能及的帮助。人本主义心理学之父卡尔·罗杰斯曾说：“爱是深深的理解与接受。”孩子学会倾听，并及时做出回应，让亲爱的同学、父母享受一个安静、友好的倾诉环境中，更好地抒发情绪，可能效果更好。

给父母的建议

如果孩子的表达能力还不够好，那么安慰小伙伴可以选择以下更稳妥的方法：

1. 适当用肢体语言温暖别人受伤的心灵

拍一拍肩膀、紧紧地抱一抱、一直握着手……这些非语言的表达，往往能给受伤的人更多的温暖与力量。父母可以让孩子尝试用这些简单的肢体回应，快速且有效。

2. 用实际的行动进行安慰

与其用苍白的语言安慰，不如让孩子学着为别人做一些事，让别人感受到自己是被在意的。

例如，当同学因为学习成绩变差而难过时，孩子可以分享出自己的学习笔记；当父母因为劳累而无力时，孩子可以帮忙分担一些家务，并为父母倒上一杯热水。这种付诸实际的安慰，远比“别难过”“喝点热水”更能抚慰人心。

3. 无声的陪伴，也是治愈人心的良方

任由情绪自然地发生、膨胀、消失，这是一种顺其自然的安慰方式，孩子可能无法理解这一点。

父母可以告诉孩子：“如果你的同学情绪非常低落，一个字也不想说，那我们可以保持安静，陪着他走一走、坐一坐就好。”

7. 教孩子接打电话的礼仪

场景回放

有一次，妈妈在洗澡，手机响了。京京拿起来，按下接听键，问：“你是谁呀？你找谁呀？你怎么不说话呢？……”对方沉默了一下说：“对不起，打错了。”就挂掉了电话。

等妈妈出来，发现是客户打来的，连忙回电话并致歉。

场景分析

信息时代，接打电话是孩子生活中不可或缺的交流途径之一，他们可以通过电话联系同学、老师，增进彼此间的情谊。有的孩子攥着手机、电话手表，吱吱呀呀说个不停，还兴高采烈地手舞足蹈。有的孩子把接、打电话当成一种开玩笑的游戏方式……不难看出，孩子们对通话十分感兴趣，但同时也缺乏正确的电话礼仪。

有些父母可能认为一个电话而已，又不是面聊，只要孩子能把话说明白就行了，何必要讲究什么礼仪？

使用礼貌用语是最基本的电话礼仪，包括“您好”“再见”“请”“谢谢”“麻烦您”等词汇。无论是给小伙伴打电话，还是和长辈、老师进行电话沟通，都需要孩子注意礼貌用语。

礼貌不只体现在礼貌用语上，更体现在语气上。如果孩子在打电话时，用生硬的口气直接命令同伴，如“你明天去哪儿等我，我有事找你”，那小伙伴肯定不愿意答应见面。

清晰、有逻辑地表达也是必备的电话礼仪，如果孩子啰啰唆唆说不清，别人就会失去交流的耐心。如果是非常重要的电话，孩子失去的就不只是一次沟通的机会。比如，孩子打报警求助电话时，说不清地址，也会延误自己被救助的时间。

给父母的建议

想让孩子明白并学会接打电话的礼仪，父母可以借鉴以下方式：

1. 与孩子进行“电话聊天”的实战训练

有的孩子年龄小，对电话礼节的理解能力不够，那么，父母可以开通亲情号码服务，每天通过电话手表的方式与孩子联系，训练孩子的电话礼仪。

平时，父母也可以在家里接听朋友、同事的电话，展示良好的电话礼节，让孩子耳濡目染。若父母在做家务或是忙于其他事情时，可以让孩子代为接听来电。

2. 在“电话角”张贴“接打电话细则”

父母可以将客厅的一个角落布置为“电话角”，装裱一份通话礼仪的细则，可以是纯文字，也可以是图文，提醒孩子在打电话中纠正自己的行为。

具体内容如：

电话铃响，三声之内就接听；

电话铃响过四遍后接听，应说“对不起，让您久等了”；

打电话时，需礼貌询问“您好，我是某某，现在说话方便吗”；

通电话时使用礼貌用词，如“请”“谢谢”等；

通话时一心一意，若中途离开，主动告诉对方并道歉……

3. 每次通话只专注于一个细节

如果父母要让孩子在第一次接电话时就做到所有礼节，孩子会很有压力。父母可以循序渐进，在日常通话时着重培养孩子的礼节。

例如，父母先让孩子做到“电话铃响，三声之内就接听”。当铃声响起后，如果孩子在吃糖或是看电视，则需要先暂时搁置手边的事，吐出糖果、关闭电视，迅速接通，再用礼貌、清晰的声音说“您好”，而不是一边吃着东西，一边看电视，心不在焉地回答电话。

这样，孩子就能一点点改善通话的礼节，时间久了，所有礼仪都能水到渠成。

4. 用儿歌加强孩子的记忆

用儿歌的形式规范孩子接、打电话的礼仪及礼貌用语，能让孩子更好地记住并做到，父母也可以自己改编一些儿歌，教孩子唱出来。比如“喂喂喂，您好呀，我的名字是某某，请问您找哪一位？”读来朗朗上口的儿歌，有助于孩子记忆。

8. 教会孩子探望病人的礼节

场景回放

爷爷生病住院了，爸爸带着5岁的洋洋去探望。洋洋来到病房，在病房里东奔西跑。

场景分析

家里的亲朋好友、孩子的老师、同学，都难免会生病。带孩子去探望，本是一片好心，但如果孩子不懂得探病的礼节，在病房随意奔跑、喧哗，这都是不合时宜的。

病人住院一般心情都会较低落，甚至非常消极，这个阶段的他们往往多愁善感，性格多疑，不喜吵闹。再加上身体需要休息，需要静养。父母要让孩子理解病人的感受，知道保持安静就是最好的探望病人的礼仪。

在喜剧电影《小男孩》中，讲述了一个名叫佩珀·弗兰提·巴比斯的8岁小男孩，从牧师那儿接到一个任务，要去医院探望受伤的士兵。

佩珀走进昏沉沉的病房里，看见床上躺着一个浑身血渍的士兵，脸上裹满了纱布，双眼紧闭，面朝窗外。小男孩轻轻地走上前，鼓起勇气说：“你好，我是来探望你的。”

受伤的士兵闻声转过头来，用满是阴鸷的双眼，紧紧地盯着小男孩，点了点头。小男孩害怕地撇开头，看见了床上的黑白漫画报纸，从身后掏出自己特意带来的彩色杂志，胆怯地说：“你留着吧。”士兵见状，嘴角一勾，温柔地说：“谢了，孩子。”

孩子与病人交流，其实并不用喋喋不休，只用适可而止的交流，就能给病人带来一份好心情。

孩子探望病人的方式得当，能使病人得到慰藉，增强战胜疾病的信心；反之，则会给病人增加不必要的心理负担，甚至给其他病人带来痛苦。看望病人是一门艺术，病人需要安静的环境休养身体，孩子懂得其中的礼节，知进退，一表慰问之情，不仅不会给别人带来困扰，还能收获“雪中送炭”的真情。

给父母的建议

探望病人前，父母要让孩子牢记基本的礼仪，具体如下：

1. 提前告知孩子不可在病房喧哗

父母要提前告诉孩子，病人需要一个安静的环境养病。不要携带声音较大的玩具，如游戏机、陀螺、儿童电子琴、音乐机等。

进入病房前，父母可以让孩子把携带的手机、电子手表等调成静音模式，轻轻开门、关门；进入病房后，让孩子拿东西时轻拿轻放，走路放轻脚步，轻轻说话。

2. 教孩子说关心、安慰的话

探望病人时，孩子要注意控制自己的情绪。例如，见到病人治疗用的针头等医疗器械，不要惊讶地叫出声“天哪”“啊”。

谈话中，孩子不要左顾右盼，应宽慰病人并祝福。如果这位病人是孩子的同学，可以教孩子这样说：“你放心吧，学校的老师、同学都挂念你，等你回去了，我们帮你补课。”如果病人是家中老人，可以教孩子这样说：“爷爷，您安心养病，我们在家里等您回来。”或者说：“祝您早日康复！”

其间，孩子不要提及病人的禁忌话题。如“你脸色怎么这么差？”“你还要在医院住一个月吧？”等，孩子可以换一种询问方式，如“你最近感觉还好吗？”“医生说没事的，你很快就能出院了”等。

3. 鼓励孩子准备小礼物

孩子年纪小，礼物不在贵，在于心意。亲手绘制的画、贺卡、手工艺品，或是精心挑选的漫画书、玩具，或是特意准备的读书笔记、课堂笔记等，都是不错的选择。

第四章

培养孩子协作和分享的能力

1. 别让孩子养成吃独食的习惯

场景回放

今天有萧萧最爱吃的糖醋虾仁，她把盘子拉到自己跟前，吃得嘴周围都沾上了酱汁。

奶奶夹了一个虾仁，萧萧立马护住面前的盘子，说："这是我的，不准吃！"

奶奶急忙把虾仁放回去，说："乖乖，奶奶不吃，不吃，留萧萧吃。"

爸爸："这可不是给你一个人吃的，大家都能吃。"说着夹了一个虾仁放到了奶奶碗里。

萧萧见状立即大哭起来。

场景分析

孩子在两三岁时，由于"物权意识"萌芽，会表现得自私，不愿意分享，这是正常的。但有的孩子到了六七岁，仍然吃独食，不愿意分享，只要是自己喜欢的就全部霸占着，连最亲近的父母也舍不得分享。孩子"吃独食"的习惯是怎么养成的呢？在有些家庭中，会存在一种"鸡腿现象"。如果家里的餐桌上有一只鸡，那么最好吃的大鸡腿必然是留给孩子吃的。在这种爱的环境下，不仅全家会默认孩子具有"吃独食"的资格，还会让孩子形成一种潜意识，即“鸡腿是他一个人的”，完全不会意识到自己可以与家人、好朋友一起分享这个鸡腿。

这种鸡腿现象，只会让孩子在家庭、校园等多种人际关系中形成以自我为中心的饮食习惯，只乐于接受，而不愿分享。而这些喜欢“吃独食”的孩子，会被贴上自私的标签，少有同学、朋友与之来往。因此，父母不应助长孩子“吃独食”的风气。

还有一些家长会在无意识之间打消孩子分享食物的积极性。例如，家里做了道难得一见的“珍馐”，孩子会主动地邀请父母一起品尝，但父母可能会说“我们不吃，你快吃吧”“这是专门给你做的，你快吃”……一来二去，孩子听多了这些话语，慢慢就失去了与父母分享美食的主动性。反观那些不经常被父母拒绝的孩子，在与亲人、好朋友一起分享美食时，人际表现会更好。

有一位父亲问三个孩子：“这儿有十箱葡萄，两天吃不完就会坏掉，你们打算怎么吃呢？”

“先吃熟透的，再慢慢吃其他的。”大儿子说。父亲便问：“等你吃完了熟透的，剩下的可就坏了。”大儿子没再回答。

二儿子想了想，说：“每天都挑着最甜的吃。”父亲仍旧不满意，说：“这样还是会剩下很多葡萄，全部烂掉。”

最后，小儿子说：“这么多葡萄，可以分给村民们一起吃，这样就不会浪费了。”村民们收到了葡萄，纷纷称赞小儿子大方。懂得分享美食的孩子，人际交往能力更强，更受欢迎。

给父母的建议

父母可以在孩子有了物权意识时，引导孩子学会分享。以下方法可供参考：

1. 分而食之

《道德经》有言“是以圣人处无为之事，行不言之教。”与其去思考如何教孩子明白分享的意义，不如在生活中做出行动证明给孩子看。

如果家里人较多，父母可以先从“分食”做起。每次吃东西时，父母都保证所有的家庭成员人手一份。如果家里只有一个苹果，一家三口平均分，一人一小块。慢慢地，孩子就会明白，“吃独食”的习惯不好。

2. 让孩子交换着吃

假设孩子喜欢牛奶和巧克力，父母可以将牛奶给孩子，自己留下巧克力。然后问孩子“你想不想吃巧克力？如果你想吃，那可以用你的牛奶来换我的巧克力吗？”孩子可能会犹豫一会儿，此时父母接着引导“那你想一想，要怎样做既能喝到牛奶，又能吃到巧克力呢？”

在循循善诱中，让孩子明白，将牛奶和巧克力各分成两份，每人拿一份，就都能吃到了。在简单的“物物交换”中，让孩子体会分享食物的乐趣，孩子慢慢就会爱上分享了。

3. 让孩子充当“食物的搬运工”

一位妈妈分享了自己的育儿经历，当家里人互相分享食物时，她让孩子来当小快递员。例如，她吃苹果时，会告诉孩子：“这个苹果好甜呀，爸爸一定爱吃，麻烦你拿个苹果给爸爸吧！”又比如，爸爸拎着一袋小蛋糕回到家，对孩子说："我买了特别好吃的蛋糕，拿过去和妈妈一起吃吧！"

这样，每当孩子拿到食物时，他就会有条件反射，主动地与人分享。

2. 物品安全感，是孩子乐于分享的前提

场景回放

嫣儿去表哥家做客时，见到了各种各样的乐高摆件，有哪吒，有哆啦A梦，还有许多"蓝精灵"……嫣儿看得眼花缭乱，忍不住想摸一摸。

场景分析

0～2岁的孩子基本没有物权意识，到了3岁左右，孩子的物权意识

逐渐萌芽，进入一个敏感期，只要认定是自己的东西，就不允许别人触碰。

此时，孩子特别喜欢说“我的”来区分自己和别人，比如“我的妈妈”“我的球”“我的勺子”等。有时，他们甚至会把其他孩子的玩具、用品占为己有，花样地宣示自己的主权。

这其实是孩子自我意识形成的一个重要阶段，他们开始寻求“物品归属权”，想要拥有独属于自己的物品，并且再三地确定这些物品确实是“属于自己的”，以获得安全感。

对 3 ～ 4 岁的孩子来说，如果他们的物权能够被充分地尊重和保护，他们的安全感就会得到满足，更愿意交换甚至把自己的东西分享出去。

相反，如果父母在一旁劝诫，甚至强迫孩子进行分享，他们就会缺少安全感，陷入恐慌和忐忑中，容易与朋友闹僵。而且孩子可能会想，我的东西可以强制给别人，那我也强行占用别人的东西。这样一来，孩子之间很容易产生冲突。

因此，父母需要尊重孩子对自己物品分配的自主性，保护好他们的安全感，孩子才能体会到分享的快乐。

给父母的建议

当孩子连自己的书本、玩具、零食都不能支配时，他们是非常缺乏物品安全感的。因此，父母要充分尊重孩子的意愿，给予孩子足够的物品安全感，无需过多地引导，他们就能发自内心地主动分享了。

1. 不要故意抢走孩子的东西并说他“自私”

有时候，孩子为了维护自己的东西，会表现得格外霸道。比如，从其他孩子手中直接抢走自己的书本。此时，父母不要立马批评孩子，说孩子“自私”“小气”，否则，孩子容易变得患得患失，变成“讨好型”人格。

2. 拒绝灌输“大的让小的”“男孩让女孩”等不公平的观念

父母可能习惯性地认为，大孩子就要让着小孩子，男孩子就要让着女孩子，其实这是对孩子的不尊重。孩子会因为父母这样的说法，而觉得父母偏心，不信任父母。

无论是与兄弟姐妹相处，还是孩子与小伙伴们的相处，父母都不要用自己的想法去决定孩子物品的所有权。

3. 教孩子按照分享的等级给物品分等级

父母可以教孩子将自己的物品按照不同的分享级别进行分类，然后分别收纳在不同的地方。

分享一级：最珍爱的书籍、玩具，除非是特别好的朋友，才愿意分享的，划分为一级。平时可以放在卧室的“秘密基地”，以减少分享的机会。

分享二级：相对喜爱，可以暂时借出、分享的，如芭比娃娃、游戏机等，划分为“二级”，可以放在书房里。

分享三级：玩烦了的玩具等，可以随时送出、长期借出的物品，划分为“三级”，可随手放在客厅等。

无论孩子如何分类，父母应无条件地支持，表示尊重。

3. 正确引导孩子爱抢别人玩具的行为

场景回放

安安刚得了一套挖沙玩具，便一头扎进沙坑玩耍。不一会儿，苏佑暖来了，她一眼就看上了安安手中的大沙铲，冲上去就抢。安安正玩得欢喜，硬生生不放手，说："这是我的，你撒开！"

苏佑暖抢不过来，一气之下，推了安安一把。安安一个屁墩儿摔在地上，哭了起来。

场景分析

有的孩子看见别的孩子有什么玩具，都想拿来玩一玩，甚至下手去抢对方的玩具。遇到这种情况，父母先不要急着指责孩子不懂礼貌，先弄清楚原因再说。

儿童心理学表示，4 岁左右的孩子会有一个"占有敏感期"。占有敏感期是指，孩子对许多东西有很强的占有欲，一方面表现为自己的东西不许别人用；另一方面则是，看到别人的东西，自己会控制不住地想要。

如果孩子在家里就经常独享所有的玩具，只要是他想得到的，父母都会满足，那么孩子的占有欲就会表现得特别有"攻击性"，经常通过哭闹、耍赖等方式来获得心仪的玩具。但是到了外面，同学、朋友可不会惯着这样的孩子。因此，当他们索要别人的玩具不成时，就会采取抢的方式获得玩具。

如果孩子的需求经常不被满足，也会产生这样的行为。比如，孩子多次恳切地提出想要某个玩具的要求，却次次都被父母以没空、没钱或是不值得买的借口回绝，他们对这个玩具的执念就很深。记得，有一次去接孩子放学，有个孩子在幼儿园抢了同学的手工小木屋模型，老师问他原因，孩子哭着说："我好喜欢这个小木屋，可我说了好多次，妈妈就是不肯给我买，同学也不愿意借给我玩。"无计可施的情况下，他就通过抢夺别人的玩具来实现自己的愿望。

如果孩子缺爱，也有可能会产生这样的行为。父母们忙于工作，忽视了孩子的陪伴需求，孩子会变得没有安全感，怀疑父母是不是真的爱自己。黄仕明在《停止你的内在战争》中写道："对于孩子来说，关注就等于爱，没有关注就等于不被爱。"因此，孩子容易萌生出"如果我抢到了什么，爸爸妈妈会不会认为我很棒，夸我呢？"的想法，来吸引父母的关注。

还有的孩子，可能并非故意抢小伙伴的玩具，而是不会表达，只是想加入他们，和他们一起玩。于是，一个普通的玩具，就变得炙手可热，只要有孩子去抢，就有可能会引发肢体冲突。在不对小伙伴们造成伤害的情况下，争抢玩具是一种交互体验。

因为多数情况下，孩子的表达方式往往很直接、简单，比如，上一秒孩子可能还在争抢，下一秒他们就握手言和了。

面对孩子抢别人玩具的行为，有些父母会哄着孩子将玩具还给别人，顺口说"你想要的话，我带你去买，走！"这类的话。这只能治标不治本，如果孩子每次抢别人的玩具，都需要家人新买一个玩具，不假时日，家里就堆不下新玩具了。而且，孩子还容易变得贪婪不知足，看到别人有什么玩具，都想要。

有些父母则喜欢强势介入，将玩具还给被抢的那个孩子，这样也是不对的。父母的过度干预和介入，只会干扰孩子社交关系的形成，阻碍孩子社交能力的发展。

给父母的建议

很多孩子都有抢别人玩具的经历，父母应该如何做，既不伤孩子自尊心，又能有效根治孩子的这种行为呢?

1. 让孩子懂得“别人的东西不能拿”

孩子第一次抢夺玩具时，很可能是因为缺乏一定的物权意识，不明白所抢的玩具“不属于自己”，不能硬抢。因此，父母在日常生活中，可以多用“你的奥特曼”“我的电子琴”“你的积木”“我的拼图”等描述，让孩子正确区分“你”“我”“他”的概念。

这样，孩子更容易懂得“别人的东西不能随便拿”的道理。如果孩子实在想要，就必须征得别人的同意。

2. 让孩子出门时，随身带一个想玩的玩具

在孩子出门玩前，父母可以提醒孩子在自己的包包里装上一个喜欢的玩具，并告诉孩子：“如果你看到别人的玩具，特别想玩，你可以拿出自己的玩具玩，也可以和其他小朋友互换玩具来玩。”

多一个玩具，就能多几种解决方案，让孩子更聪明地与其他小朋友相处，增强孩子的社交思维。

3. 引导孩子用交流的方式自己解决

在《妈妈是超人》这档节目中，修允菲和她的小伙伴争抢玩具时，着急地请求妈妈帮助，结果妈妈不慌不忙地说："你们两个好好沟通，自己处理吧！"结果，两个孩子你一言我一语，事情得到了解决，就又重新在一起玩了。

父母不要小看孩子们的交流能力，选择旁观，晾一晾孩子们的情绪，他们完全可以自己冷静地解决问题。

4. 教孩子在集体游戏中建立"争抢规则"

孩子抢玩具，本质上是想要对外交流或者是想要获得这个玩具，这也是他们的一种意愿和要求。父母可以将争抢变为"游戏化"，以改变孩子的霸道行为。

可以和孩子用"石头剪刀布""抛硬币"或者"比谁反应快"，来确定谁先赢得优先权。当然要事先声明，愿赌服输，不可以耍赖。比如，说好"石头剪刀布"，三局两胜，那就要遵守，不能因为输了两局，就非要再来一局。这样，孩子以后也会将这一套"争抢规则"运用到和小伙伴们的游戏中，化解抢玩具的矛盾。

5. 转移孩子的注意力

除了以上方法外，父母还可以用其他更有趣的东西来转移孩子的注意力，比如动画片、游乐场、美食等。但这一招不能常用，这种方法并不真诚，更像是一种操纵手段。用得多了，会让孩子觉得父母是在敷衍自己，不尊重自己。

4. 鼓励孩子主动与人分享

场景回放

雷雷新买了一辆遥控汽车，视若珍宝，完全不让别人碰。好朋友江离眼巴巴地在一旁看了好久，央求他说："借我玩一下，好不好？"

雷雷一下子扑在小汽车上，噘着嘴，果断拒绝道："不好！"

场景分析

有时候，我们容易把分享理解成为交换。比如，"我让你玩我的小汽车，你可以给我玩你的溜溜球吗？"当对方也乐意这种交换时，便分享成功。但一旦对方不乐意交换，分享就会遭到拒绝。

一位二胎宝妈在网上分享，她家二宝拿着自己最喜欢的奶酪棒对哥哥说："我可以分享一个奶酪棒给你，不过，你要给我一盒好多鱼才行。"正在写作业的哥哥听到这话，毫不犹豫地就拒绝了："不稀罕，你拿开。"

以交换为目的的分享，失败的概率还是很高的。父母可以告诉孩子，只要自己做到了分享，对方也会主动分享，而不必把交换的目的亮出来。比如，妹妹想吃哥哥的好多鱼，只要主动先和哥哥分享自己的奶酪棒，哥哥得到奶酪棒，也会乐意主动和妹妹分享好多鱼。

给父母的建议

鼓励孩子拿出自己的"好东西"与人分享，也是需要技巧的。

1. 从分享好吃的、好玩的开始

其实，让孩子一下子拿出宝贵的东西来分享，是比较难的。而分享好吃的食物、好玩的玩具，就相对容易多了。父母可以多准备几份，让孩子分享出去，这种“暂时失去”能换回一起品尝、玩耍的快乐，让孩子忽略失去好东西的不安、紧张和恐惧。

父母可以告诉孩子：“分享不是失去，而是让大家都得到更好的。”这样，孩子就可以逐渐分享更好的“学习资源”等，收获更多的朋友。

2. 让孩子多加入集体，甘愿分享好东西

当孩子身处集体中时，他们会互相监督、效仿，向大家都尊崇的“分享者”角色靠近。

一个幼儿园老师得知一个小朋友不肯与同学们分享新买的漫画书时，她挑了几本办公室里的故事书，告诉大家：“这些新书非常有意思，但今天的书不多，只能优先给平时乐于分享的同学。”老师将其中一本给了这个小朋友，小朋友非常不好意思，不一会儿，这个小朋友主动与大家一起分享了自己的漫画书。

在集体生活中，孩子会有很多机会明白“有舍有得”的道理。他们可以看到朋友们都更愿意与常常分享“好东西”的朋友一起玩，而那些分享的朋友往往能得到更多人分享出来的“好东西”。

3. 接受、表扬孩子分享好东西的行为

当孩子捧着自己的“宝贝”与父母分享时，父母千万不要婉拒或是直接拒绝。孩子在下一次分享好东西时，就会有诸多顾虑。

父母要做的，其实很简单，就是大大方方地接受，斩钉截铁地称赞。比如，孩子将自己最爱的一套画画工具拿出来让父母画时，父母可以说："哇，这套工具好精致啊，我可得好好用一下你的宝贝画笔，肯定能画出好看的画！你等着看吧！"

父母的肯定与认真对待，是对孩子分享好东西行为的一种强化。孩子听了父母的表扬，肯定就愿意与其他朋友一起分享了。

5. 有了矛盾，试着让孩子自己处理

场景回放

小学时，杨澜的儿子曾和同学发生了争执，两人互不相让。杨澜的儿子将同学悄悄拉进了厕所，两人先是痛痛快快地打了一架。打完后，杨澜的儿子主动道歉："对不起，我当时只是想维护班级荣誉，才那么说，不是故意针对你的，希望你能原谅我。"两人相视一笑。

杨澜得知此事后，表扬儿子："你做的非常棒，没有一上来就找老师告状，而是靠自己独立地解决了和朋友的矛盾。"

场景分析

争吵、纠纷，是孩子和朋友交往中的正常现象。心理学研究显示，孩子之间产生的各种各样的矛盾和冲突，可以锻炼孩子的人际交往能力，增

强孩子的意志力和领袖意识。比如，一场舞台剧时，谁来当唯一的主演呢？如果孩子能展现出自己的优势，赢得大家的认同，就能扛起团队的“大梁”，带领其他伙伴更好地合作。

但实际上，如果孩子的年龄较小，大脑中负责控制情绪行为的“杏仁核”就没有发育成熟。一旦孩子感受到别人表现出的恶意或危险信号，比如这个孩子的文具被同学抢了；这个孩子被其他同学晾到了一边等，这个孩子有可能会本能地产生愤怒、不悦的情绪。如果这个孩子性格较急躁，他就可能不会考虑别人的感受，做出具有“攻击性”的行为。

此时，如果这个孩子的父母站出来，强行让孩子道歉，或是偏袒自己的孩子，不仅会让被“保护”的孩子受到其他孩子的排挤，还可能伤害到处于弱势的那个孩子。他们看似听了父母的话，化解了这次矛盾，实际上则可能会在内心筑起高高的“心墙”，以不再与人交往来保护自己。

一般来说，导致孩子在合作中爆发冲突的主要原因，是孩子的“自我中心意识”受到了挑战。如果父母、老师介入其中，可能会加重这种意识的不平衡，让孩子离父母和老师越来越远。所以，如果是很小的冲突，父母可以放手，让孩子自己去处理。这个处理过程是一个积攒社交技能的过程。

给父母的建议

当孩子与朋友发生冲突时，父母如果强制参与进去，有可能会“越帮越忙”。孩子之间发生矛盾的场所有：教室、运动场、马路上等，父母不可能时刻跟随解决。这里给父母一些建议：

1. 不要立即干涉，先观察

在冲突中，只要有孩子能做出一点让步，他们就能和好如初。而大人的介入，可能会让犯错的孩子“仗势欺人”，也可能会让无错的孩子“有理说不清”，结果两个孩子之间的矛盾，硬生生变成两家人之间的矛盾。

父母不妨当一个看客，给孩子们一定的时间。只要不涉及身体伤害，或是恶劣的言行举止，可以试着让孩子自己处理。

2. 教会孩子调整情绪的小方法

孩子之间闹了矛盾，若控制不住脾气而骂了对方，有理也会变成无理。

父母可以教会孩子通过深呼吸、或者其他利于冷静的方式来平复焦躁、愤怒的情绪。等冷静下来了，再与小伙伴好好协商。

3. 给孩子积极的回应

如果孩子实在无法处理好自己的矛盾，主动向父母求助时，父母就不能做一个旁观者了，而要积极回应。比如，当孩子在和朋友们做小组手工作业时，自己剪出来的部分被同学撕掉了，那么父母可以这样与孩子交流：“你一定感觉很委屈，那个同学也许不知道你花了很多时间才剪出来的，你和他是否可以一起再剪一次？”

4. 帮孩子寻找解决问题的方法

孩子间发生了冲突，其第一反应通常是生气，父母要在平息孩子怒气的同时，帮孩子寻找解决办法。

例如，孩子正在搭建的城堡被别的小朋友弄塌了，父母不要直接说：“你们握握手不生气，然后一起玩吧。”可以这样跟孩子说：“你这么生气，那你想小朋友怎么做，你才能不生气呢？”如果孩子说：“让他给我恢复原样！”父母可以继续引导说：“那你请小朋友给你帮忙怎么样？你们一起搭，肯定很快就能恢复原样。”

6. 教孩子学会听取别人的建议

场景回放

老师让尹丽、李容、金锐参加团体朗诵比赛。

结果，排练不欢而散。

场景分析

有的孩子特别固执，在学习和生活中总是很难听进去别人的建议。即使是父母和孩子商量，孩子的反应要么是沉默对抗，要么顶嘴，令父母非常恼火。

另外，固执的孩子在与同学、朋友的合作中，也常常会忽略别人的想法与感受，让自己变得不受欢迎。因此，教会孩子听取别人的建议，对提升孩子在社交中的沟通与合作能力非常重要。

面对固执己见的孩子，父母一开始会对其讲道理。但孩子心中只想着“我只要我觉得，不要你觉得”，根本听不进去一点意见。

长此以往，父母与孩子的关系会变得很紧张。

给父母的建议

孩子的心智发展尚未成熟，正处在虚心向人学习的阶段。父母教孩子听取别人的建议，需要讲究方式。

1. 巧用典型形象

中外历史上有许多关于“从善如流”的故事与历史人物，如《邹忌讽齐王纳谏》《魏征直谏唐太宗》《梁上君子》《农夫与争吵的儿子们》等。父母可以借用这些故事，让孩子明白“听取别人建议”的利与害。

2. 拒绝孩子的“狡辩”

有时，父母给孩子提建议时，孩子可能会不考虑，直接拒绝。如果孩子上学时经常丢三落四，父母告诉孩子：“你今晚把明天上学需要的东西都准备好，放在门口吧。”孩子却说：“没事，我心里有数！”

这种条件反射式的回答，恰好暴露了孩子不愿听从别人建议的习惯。此时，父母最好不要用“你还挺有主意”“那行”等表达，因为这是一种对孩子自说自话的肯定。

3．教孩子耐心聆听别人的建议

有的孩子不仅听不进去别人的建议，还会在别人说话时，直接打断别人说话。比如，当孩子做错题时，同学建议：“你这道题好像做得不对，应该……”此时，孩子直接不听，或是用“哎呀，好了，行了吧，跟你没关系”来敷衍同学，这样的回应会伤害到同学的自尊心，还有可能失去一个热心的朋友。

父母应告诉孩子：“别人给你提建议，是出于好意，想让你做得更好。”让孩子要尊重别人的建议，并认真听完，从中汲取经验。

4．教会孩子全面地接收信息

在《孩子听我说》中，一位妈妈说：“孩子，我知道你觉得玩耍对你来说最重要，但是，你有考虑过这些问题吗？第一，假如你受伤了，还能愉快地玩耍吗？第二，假如你着凉生病了，还能愉快地玩耍吗？第三，假如你让玩伴或家人愤怒伤心了，还能愉快地玩耍吗？”

孩子一开始的思维都是单线模式，想玩就是出去玩，不会考虑到“安全”“人际关系”等其他问题，父母可以引导孩子更全面地看待问题。这样，孩子意识到自己的不足和缺陷，就能敞开心扉，接纳别人提供的建议。

7. 鼓励孩子与人合作

场景回放

小米是个非常优秀的孩子，她不仅成绩好，长得也很漂亮。但她做事喜欢一个人独来独往，例如，班里要出黑板报，她总是自己由着自己的性子来，而不会主动与大家商量。

每当别人遇到问题向她请教时，她总是摆出一副高傲的姿态，批评对方上课不听讲，说对方不聪明，不肯给对方讲解。而当她自己遇到难题时，也不愿意向别人求教。

场景分析

合作，是孩子未来发展、立足社会的重要技能。因为每一项新的理论都得益于知识渊博的学者之间的合作；每一项新的科研成果，以及每一行事业的成功，都是集体智慧的结晶。只有让孩子学会了与人合作，才能适应未来社会的竞争。

一位哲人说，你手上有一个苹果，我手上有一个苹果，两个苹果交换后，每个人还是一个苹果；但如果你有一种能力，我也有一种能力，两种能力交换后就不再是一种能力了。

在电影《闪光的彩球》中有一个情节，一位外国专家到中国一所学校考察，他随机邀请了几个小学生做了一个小游戏：在一个小口瓶内装了几个小彩球，每个球用细绳系着，他告诉孩子们：“假设这个瓶子是一幢房子，而你们就是那些小彩球。房子突然着火了，你们必须要在七秒内把小球拉出来。若谁没有在规定时间内将小球拉出来，游戏就失败了。”

一声哨响，游戏开始了。只见几个孩子有条不紊地依次从瓶子里抽出了自己的彩球，全部用时不过5秒钟。

外国专家惊呆了，没想到一场本该是惊心动魄的游戏，竟然如此平淡地结束了，连连称赞道：“了不起！我在许多国家都做过这个实验，几乎没谁能如此完美地完成这个游戏。”

培养孩子的合作能力，不仅可以提高孩子的个人能力，还可提升孩子的人际交往能力。心理学家阿德勒认为：如果一个孩子未曾学会合之道，他必定会走向孤僻之途，并产生牢固的自卑心理，严重影响他一生的发展。

给父母的建议

心理学家阿尔弗雷德·阿德勒在《自卑与超越》一书中写道：“我们不能期待一个没有上过地理课的孩子在这门课的考考上会考出好成绩；我们也不能期待一个未被训练以合作之道的孩子在面临一个需要合作训练的工作时会有良好的表现。”在日常生活中，父母要有意识地培养孩子的合作共赢思维。

1. 在做家务中培养孩子的合作共赢意识

父母是与孩子接触最多的人，在家庭生活中也是与孩子合作次数最多的伙伴。父母可以在与孩子一起做家务时，锻炼孩子的合作共赢能力。

例如，妈妈扫干净了地面，让孩子拿来簸箕，并协助妈妈将垃圾扫入簸箕；或是爸爸在晾衣服时，让孩子在旁边递衣架，等等。在合力完成家务时，父母要不断地引导、鼓励、肯定孩子的做法，比如这样说："今天我们合作非常愉快！再接再厉！"当孩子有了这样的习惯后，在以后与同学、朋友的合作中，也能积极配合。

2．让孩子领略"正和游戏"的幸福感

当孩子加入集体中一起玩游戏时，有零和游戏、负和游戏、正和游戏三种可能性。其中，零和游戏是指集体中的每个人都是竞争者，一个人的损失是另一个人的所得，如果孩子要有所收获，就必须占有别人的资源。而负和游戏是指结果有可能"两败俱伤"，谁也落不着好。"正和游戏"体现的则是一种良性的合作关系，孩子们一起合作、配合，能玩得非常开心，比独自玩耍、付出能收获更多，每个人都是赢家。

常见的"正和游戏"，有大冒险、"耳朵跟心一起走"、"过家家"等。

3．鼓励孩子多参加经济类集体活动，分享合作成功带来的喜悦

父母要鼓励孩子多多把握机会，加入兴趣小组，或者参加运动会、舞蹈比赛、知识竞赛、夏令营等活动。因为这类活动特别锻炼孩子的集体意识和团结精神，孩子能从中学会如何与人沟通、合作、共赢。

而且，在孩子们默契的配合下取得的成功，这种喜悦会让孩子真情实感地明白合作的意义，进而产生更强的合作意识和团队精神。

第五章

帮孩子面对和解决社交中的烦恼

1. 孩子被取绰号怎么办

场景回放

曾经有一部综艺节目中，一个14岁的女孩因为经常被同学叫外号，而害怕上学，一直休学在家。

观察团中的小朋友杜宇麒深有同感，不开心地说："我同学也给我起外号，叫我肚脐眼。"虽然自己和同学说了自己不喜欢这个外号，可他们还是一直这么叫。

一旁的爸爸妈妈表示完全不知道这件事，一脸惊讶。

场景分析

"大脸猫""猴精儿""小煤球""男黛玉""豆芽菜"……这些绰号，在我们学生时代时有可能听过。总有一些孩子，因为自己的性格、外貌、名字，被冠上特别有代表性的外号。

孩子将脑海中迸发出的各种奇思妙想联系到同学、朋友身上的一些特征，而给他们取绰号，其实就是他们思维的延伸。

有些绰号没有恶意，甚至还带着褒义。美国汉密尔顿大学的心理学家雷切尔·怀特经过实验，总结出"超级英雄效应"。简单来说，如果孩子被朋友以某个"超级英雄"动画人物命名时，他不会讨厌这个绰号，反而会非常喜欢，且更加自信。比如，男孩们都喜欢被别人叫“超人”“钢铁侠”等。

但很多时候，绰号是为了取乐逗趣，就算本意没有侮辱、贬低别人的意思，但也并不讨人喜欢，甚至给人带来一定的困惑和伤害。

给父母的建议

在孩子被取绰号时会表现得非常不开心，他们多半会向父母哭诉。面对这样的情况，父母该如何回应呢？

1. 反思自己的行为举止和教养方式

父母是否喜欢给身边的人起绰号呢？如果是，孩子很有可能被影响，爱给同学、朋友取绰号。

建议父母平时不要戏谑地给亲戚、朋友和其他孩子取绰号，同时告诉孩子，每个人都不是完美的，不要随意评判别人，也不要逞一时的口舌之快，把自己的快乐建立在别人的痛苦之上。

2. 了解具体情况，不可加深孩子之间的矛盾

一听到孩子被取了绰号，父母就不分青红皂白地去找其他孩子理论，或是用“人家就是和你闹着玩的，就你较真”来敷衍自家孩子，这些都是错误的做法。父母可以多听听孩子的想法，了解别人起绰号的前因后果。

如果这个绰号是善意、有趣的玩笑话，父母可以告诉孩子：“别人不是有意给你取的，他们是把你当作好朋友才给你取外号的。如果你不喜欢，你可以告诉同学们你的感受，让他们别再那么叫你。”

如果这个绰号就是故意的取笑、嘲讽，父母就要告诉孩子：“这是不礼貌的行为，如果你真诚地告诉他们，他们还是这么叫你，就是对你的不尊重。那你可以告诉老师，以帮助他们改正错误。”

3. 帮孩子建立自信心，接受自己的优缺点

一般来说，被恶意起绰号的孩子，表面上看起来比较“好欺负”、不自信。《少年说》中的一个男孩叫曾帅，被同学们起了个绰号“真帅”，他说：“因为我的名字，班上有些同学总是会来嘲笑我。”即便如此，他还是以自己的名字为豪，感谢父母起的这个名字。

父母在表扬孩子优点的同时，也要让孩子接受自己的不完美，不要因为一点问题就全面地否定自己。当孩子满怀信心，坦率地接受真实的自己以后，就能对各种绰号产生免疫作用。

2. 孩子和别人争执怎么办

场景回放

课后，几个学生聚在一起讨论一道几何题。杨影在纸上比画着，说：“这道题应该用重新组合法，把这一块挪到这儿……”

“不对，用割补法更简单！你们看，从中间画一条辅助线就可以了。”谭卓推开杨影的手，自顾自地演示起来。杨颖觉得谭卓不尊重自己，于是便和谭卓你一言我一语地吵了起来。

场景分析

“妈妈，弟弟他不肯给我道歉！”“妈妈，灵灵把我的笔弄坏了，还不承认。”无论是兄弟姐妹之间还是朋友、同学之间，都有可能发生这样的争执。

每当孩子争执起来时，父母的第一反应就是让他们闭嘴。因为他们觉得争执会破坏孩子们的友谊。但实际上，交往中有分歧是正常的，只不过小孩子不懂得掩饰，容易做出感性的反应，但他们不会因此心存芥蒂，很快就能和好。有时候，争执对孩子来说，是交往中的一味“调味剂”。

一所小学中，两个小朋友为了一支铅笔吵了起来。老师看到后，笑眯眯地对他们说：“宝贝们，老师看到你们两个对彼此有意见，现在请你们两个坐到教室后面的‘和平桌’，把事情谈妥了再回来。”

只见两个虎头虎脑的孩子蹦蹦跳跳地坐了过去，圆桌上放置了一个小地球仪和一只象征和平的纸鸽子。不一会儿，两个孩子就开始了“友好交流”：

“这支铅笔是爸爸送我的生日礼物，你把它给弄断了。”

“你的铅笔太好看了，我就想拿来看看。”

“如果你想看我的铅笔，你可以和我说，我会给你看的。可你来抢，把铅笔弄断了，我很伤心。”

“对不起，我下次想看你的东西时一定和你说。”

“好吧，我原谅你了。”

“那我们回去看看能不能修好你的铅笔。”

“行！”

整个过程只有短短的两三分钟，他们就言归于好了。老师选择让孩子们自己解决，而两个孩子也懂得了如何正确表达自己的情绪，通过协商、道歉来解决冲突。

可见，争执的过程，能锻炼孩子的谈判能力、沟通能力、协调能力，这其实是一个孩子们学习解决纷争、与人沟通协调的好机会。有时候，父母过度介入，直接替他们做决定，相当于剥夺了孩子的一次学习机会。孩子有自己解决事情的思维和方式，如果孩子习惯了依靠父母来化解冲突，就会没完没了地找父母寻求帮助。

给父母的建议

父母怎么指导孩子和平地处理冲突呢？

1. 不要大惊小怪，判断争执是不是大问题

孩子们间的争执一般都不是原则性的大问题，可能因为简单的肢体碰撞或借了东西一时忘了还等小问题而发生冲突。这种争执可以让孩子们自行解决。

如果争执上升为有安全隐患的冲突时，父母就要提醒孩子，不能伤害同学、朋友，当然也要让孩子做好自我保护。提醒孩子最好用沟通的方式来解决问题。

2. 与对方父母沟通，达成一致

双方父母最好能当着孩子的面真诚地谈一谈，达成共识：父母不要插手，也不要因为孩子之间起争执，就限制孩子交往；鼓励孩子在争执中学会更好地与人相处。

父母的一言一行会给孩子们留下深刻的印象，让他们学会化干戈为玉帛的处事方式。

3. 引导孩子握手言和

如果孩子不知如何处理争执，在向父母求助时，父母应循循善诱，让孩子们握手言和。

第一步，让孩子冷静下来，整理好自己的情绪。等情绪平复了再面对面地交谈。

第二步，让孩子轮流反思陈词。父母可以与孩子一起回顾争执的来龙去脉，找到对方和自己的过错，进行总结。如果孩子配合度不高，可以写下来，然后面对面地让他们交换着看。

第三步，给孩子五分钟，商讨出彼此认同的最佳解决方案。父母留下一个问题“如果你是对方，你会怎么想？有没有折中的方法能同时让大家都满意呢？”把空间留给孩子们，让他们好好思考、讨论。

在孩子们做出最后的决定时，父母可以让他们伸手击掌或是握手言和，抱一抱，进一步增进彼此的感情。

3. 孩子被孤立怎么办

场景回放

在经典影片《彩虹照耀》的开端，瘦小的男孩托马斯放飞了一只撞在窗户上的鸽子。周围的几个孩子因此蜂拥而上，故意找茬，撕烂了他的画，并扔出窗外，转身威胁托马斯："下次就把你扔出去！"

周围的孩子哄堂大笑，而被欺负惯了的托马斯，走回自己的座位，拿起刚被折断的画笔……

场景分析

你身边有没有这样的孩子？孩子从未邀请同学、朋友到家里做客，或是从未被邀请过；放学时，孩子也是形单影只地背着书包出校门；老师反映，孩子在学校沉默寡言，没有小朋友愿意和他玩……如果不是孩子性格过于内向，那么很有可能是被同学、朋友孤立了。

大部分孩子进入幼儿园、小学时，不一定能适应学校的生活。一些孩子从小被家人溺爱，随心所欲，在行为规范方面相对较差。在集体生活中，他们常常被忽视，偶尔做出一些没有边界感的行为，招来同学的反感与孤立。

当孩子不知如何解决，回家向父母哭诉时，有的父母会说："咱们不稀罕，他们想和咱玩，咱还不愿意和他们玩呢！"有的父母会说："你看你啥也不会，只会哭，怪不得别人不和你玩。"还有的父母说："你这么好，他们不和你玩，是他们的损失。”三言两语，就把孩子被孤立的问题轻拿轻放了。

殊不知，父母放任孩子被孤立的问题不管，不但会导致孩子的社交能力受影响，还会影响孩子的学习与生活。

当孩子身边没有一个可以谈心的朋友，快乐无人分享，忧愁无法排遣时，就会开始压抑自己的情绪，减少社交，摆出一副“生人勿扰”的样子，其他孩子自然不愿意主动和他做朋友。如果在学校不受待见，小组学习、团队竞赛处处又受到排挤，孩子就会排斥上学。这样下去，不仅学习成绩变差，孩子的性格也会越来越孤僻，长期如此，容易产生自闭、抑郁等心理问题。

给父母的建议

研究发现，有5%～6%的孩子在上学时被同学孤立过，最后导致厌学。虽然孩子不可能做到被人人喜欢，但可以努力做到不被所有人讨厌。当父母发现孩子有被孤立的现象时，该如何“出手相救”呢？

1. 观察、体谅孩子的情绪

有些父母一知道自家的孩子被孤立了，就手忙脚乱地问东问西，自行去联系老师、同学。其实父母首先要做的就是冷静下来，观察孩子的情绪，看看他是否介意自己被孤立了。

杨绛先生在《我们仨》中，描写钱锺书先生“他总和大家不一样，在五六岁时喜欢一个人坐在帐子里，玩‘石屋里的和尚’的游戏，别人都不解，但他自己乐此不疲。”一些孩子的内心很强大，不在乎别人对自己的态度。他们被孤立时，反而能自得其乐。此时，父母就没必要强行要求孩子合群。

若孩子被孤立了，情绪低落，父母千万不要居高临下地数落孩子：“那么多同学都孤立你，你自己检讨一下吧。”父母不以为然的指责，可能就是压垮孩子的最后一根稻草。父母应该做的是，安抚、鼓励孩子，让孩子明白父母是他们永远的后盾。

2. 不要用反话来引导孩子

有的父母在安慰孩子时，习惯性地否定别人，推卸责任。比如“他们一点都不友好，你也别和他们玩”“你这么优秀，他们不和你玩，是他们的损失”等，虽然这样的话语能暂时安抚孩子的情绪，但长期这样，就会让孩子变得怨天尤人。

父母应该帮助孩子找出自己被孤立的原因，是因为自己不合群，或者不懂得与朋友分享等。

3. 找到孩子被孤立的原因，做出调整

孩子被孤立，可能是自身的原因，比如自卑内向，不合群，或是其他原因。父母应引导孩子发现自己身上的问题，帮助孩子改正自身毛病，从而改变同学、朋友对他的看法。

4. 告诉孩子什么是真正的朋友

《养育女孩》一书中指出，5 ～ 10 岁是孩子人际交往的关键期。

孩子想要融入集体，不需要和所有人成为朋友。真正的朋友，在一起会舒心、快乐，能互相帮助。如果孩子们在一起总是有各种冲突，需要自

己步步退让，那就不适合做朋友。

朋友是主动选择的，而不是被动地等待选择。如果孩子在校内找不到朋友，父母可以带孩子去参加校外的各种兴趣活动，也是可以交到朋友的。

4. 孩子被朋友借钱不还怎么办

场景回放

开学第一天，唐静怡的同桌少带了一百元餐费，向唐静怡借钱，唐静怡便借给他应急。可过了一个月了，同桌迟迟不还，她催了好几次也没用。

场景分析

学生时期，同学伸手借钱，一般不多，从几元到几十不等，但对于零花钱固定的孩子来说，这笔钱也不算少。

同学、朋友借钱不还，也会困扰孩子的社交问题。大部分家长会安慰孩子：“吃一堑长一智，就当花钱买个教训，下回你不借给他就行了。”这样做真的可以解决问题吗？

给父母的建议

债务和人情是两回事，孩子借出去的钱，肯定是要同学、朋友还的。那么，父母要怎么做，才能让孩子在“讨债”成功的同时，又不得罪朋友呢？

1. 教会孩子委婉拒绝

拒绝借钱并不代表孩子不善交际，不懂得拒绝才是真的社交短板，父母应该让孩子学会如何委婉地拒绝借钱。

如果孩子发现朋友借钱没有正当的理由，甚至带有威胁的口吻，如威胁不做朋友，孩子就没必要借钱。此时，孩子可以用各种理由婉拒，比如“爸爸妈妈没给我零花钱”“我今天必须要留钱给我奶奶买生日礼物”“老师说过，可以找他借钱”等，将焦点转移到其他地方，这样就不会伤了彼此的和气。

2. 让孩子在借钱前做好“风险评估”

不论借钱的人是谁，孩子都要进行一次客观的鉴别，考虑清楚以下问题：

朋友借钱做什么用？如果是应急、买文具或是交班费等，孩子可以考虑借钱。但如果是借钱买玩具、零食、玩游戏，还是不借为好。

朋友平常的信誉好吗？孩子们朝夕相处，哪些孩子比较踏实，有借有还；哪些孩子大手大脚，到处欠钱，孩子们其实都明白。

朋友是否有还钱的经济来源？大部分孩子每周都有一定的零花钱，如果他可以用零花钱偿还，或是联系父母还钱，那么就可以借钱。

3. 教孩子与借钱的朋友协商，选择合适的还钱方案

当朋友确实暂时无法还钱时，孩子可以主动给对方几个选择，比如分期小额偿还，或是用他的其他物品抵押，或是告知对方父母，由父母还钱。这些方法都没用时，孩子还可以找途径让他“赚钱”还钱，比如这个同学成绩好，可以要求他给自己检查作业，或是帮自习补习课程。

总之，方法多种多样，父母要鼓励孩子大胆去试试。只要他们彼此商量好了，父母就不要插手。

5. 孩子被嘲笑怎么办

场景回放

林浩跳沙坑时，起步太猛，直接脸朝下扎进了沙堆里。一个同学边笑边说道：“摔得像个青蛙！”

“青蛙都比他灵活呢！哈哈！”另一个同学漫不经心地笑道。

林浩脸憋得通红，又不知道如何反驳，生了一天闷气。

场景分析

被嘲笑，几乎是每个孩子成长中多多少少会经历的事情。不管是因为成绩被同学嘲弄，或是因为身高被小伙伴嘲笑，都会给孩子的心里留下阴影。

小朋友相处时，并不像成年人一样有分寸，懂得顾及朋友的颜面，有时候看到一些不完美、滑稽的样子就会忍不住地大声笑。这种笑可能并没有恶意，只是孩子把自己直观的感觉表达出来，但是对于被笑的孩子来说，可能就是莫大的伤害。

在《少年说》的一期节目中，王馨站在台上艰难地讲出了自己的故事。上初中时，王馨胖乎乎的，班上的男生总是故意当众嘲笑她的身材。她因此变得自卑和胆小，见到男生都会充满恐惧，经常要躲着男生走。

被嘲笑之后的退让、逃避，显然不是解决问题的办法。有心理学家表示，孩子在被嘲笑时越是担惊受怕，旁观的小朋友越会感到兴奋，进而变本加厉地嘲笑他们。

不少父母会说："都是一群小孩子闹着玩，哪里懂得什么是嘲笑？"这对还没有形成正确是非观的孩子来说，就是一种误导。他们见父母说话的语气、神态、反应都很轻松自然，就会默认被嘲笑是没有问题的。有的孩子可能还会因此质疑自己，是不是自己太敏感了，别人或许不是真的恶意嘲笑自己。

对大部分孩子来说，他们其实能切身感受到善意嘲讽与恶意嘲讽的区别。但有的小朋友可能没有能力去甄别并处理这种复杂的社交问题，父母又用错误的方式引导和处理，以致影响孩子的正常社交。

那么，家长在处理孩子被嘲笑的问题时，通常会出现哪些错误的应对方式呢？

有的家长在得知自己的孩子被嘲笑时，只会一味地告诉孩子："你要大气一点。"这种回应通常会让孩子不知所措，独自承受被嘲笑的煎熬。

有的父母觉得孩子被嘲笑，是一件很丢脸的事，所以会强行替孩子出头，直接找孩子的同学、朋友甚至是他们的父母理论。而这种行为，则会让孩子在社交关系中处于一个尴尬的境地，让孩子更加自卑。

当孩子被嘲笑之后，家长还是要尽量避免这些错误的做法，否则只会给孩子带来加倍的伤害。

给父母的建议

孩子被嘲笑，如果父母反应过度，反而会加重孩子的焦虑。父母应该冷静下来，告诉孩子正确的应对方法。

1. 教孩子一笑置之

美国著名心理医生凯西·科恩认为，即使是善意的嘲笑，也会对被嘲笑困扰的孩子构成极大的威胁。如果孩子能毫不在意地对嘲笑者微笑，这应该是较高境界的待人之道了。

父母可以让孩子在平时多对自己进行积极的心理暗示，等到他们面对嘲笑时，就能保持淡然的心态。比如"他们不想笑我，是他们想和我一起笑""保持放松，要有幽默感""他们有他们的想法，对我没有任何影响"

等语句。这些句子可以是父母给孩子的建议，也可以是孩子自己想出来的。

2. 教孩子文明地“怼”回去

父母平常可以与孩子玩“我说，你怼”的游戏，教孩子巧妙地用语言堵住嘲笑者的嘴。

游戏规则：当孩子 / 大人嘲笑对方时，对方必须用三句话“怼”回来，然后交换身份。例如：

妈妈说：“你今天扎的头发真丑。”

孩子回怼：“这是我自己扎的，有个性，你就没有。”

然后换成孩子嘲笑大人。

孩子说：“妈妈，你做的饭真难吃。”

妈妈回怼：“色、香、味俱全，你自己做不出来，就是妒忌我能干。”

…………

游戏之余，父母要记得告诉孩子，不能主动去嘲笑别人，这是不礼貌的行为。

3. 教孩子学会用“冷处理”的方式面对嘲笑

心理学研究表明，忽视让自己不愉快的行为可以有效减少此类行为的发生。也就是说，如果孩子对任何人的嘲笑冷漠以对、一笑而过，嘲笑者就像是在自取其辱，最终放弃嘲笑的行为。

孩子只需要说一句“这种做法一点都不聪明。”或是讽刺地说“哦，有意思。”又或是自嘲一句“谢谢你这么关注我的缺点，不过我早就注意到了”等，然后立即离开这个是非之地，不给对方继续纠缠的机会。

6. 孩子被嫉妒怎么办

场景回放

在电视剧《小舍得》中，夏欢欢成绩不好，一直努力地补课。可即使她进步了，妈妈也总会拿她与考第一名的米桃对比，甚至对她说："你学习那么差，怎么配做米桃的朋友呢？"

一直生活在米桃阴影之下的夏欢欢，便联合着班级同学一起孤立米桃。米桃忍无可忍地告诉欢欢："你不可以欺负我。"结果却被欢欢推倒在地。而父母也让她息事宁人，米桃只能委屈地躲在角落里哭泣。

场景分析

生活中，孩子表现特别出彩，经常被老师表扬、同学追捧；或是家庭优越，拥有许多昂贵的玩具、零食；或是大人口中"别人家的孩子"，都很容易受到极个别同龄人的排斥与嫉妒。

孩子小小年纪，社交关系简单，怎么会产生嫉妒呢？心理学家对此解释道，当孩子发现别人拥有自己梦寐以求的东西，却无法共享时，就会心生嫉妒。最简单的例子就是，孩子考试科科第一，有位同学特别努力，却怎么也考不过，便对其他学生说，他有什么学习的好方法也不和我们说，我们别和他一起玩了。这就是嫉妒的心理。

美国儿童心理学家斯坦贝格研究发现，孩子产生嫉妒的情感，最早可能是在婴儿期。当一个嗷嗷待哺的婴儿看到妈妈给其他婴儿喂奶时，他就会变得不安，心率加快，面色潮红，有时还会哭闹起来。可见，嫉妒更像是一种本能，孩子天生就会嫉妒。

等孩子长大一些，他们的嫉妒情绪会表现得更明显，这种情绪往往会波及被嫉妒的孩子。因为他们在过度的关注、隐晦不明的目光中，常常感到不适、迷茫、委屈……这些不良情绪无法排解时，被嫉妒的孩子可能面临情绪崩溃。

嫉妒不仅会诱发小朋友们产生各种不良情绪，还会在社交中带来对立与攻击的行为。有些独生子女被家里娇生惯养，接受不了别的孩子比自己好。如果别的孩子被人夸奖，他们就会暗中不服气，甚至公开挑刺，给别人难堪。而那些被嫉妒的孩子，可能会产生一定的心理阴影，开始恐惧、抵触人际交往。

因此，孩子没必要因为被嫉妒而感到困扰，走好自己的路才是眼下最重要的事。真正德行出众的孩子，完全可以靠自己的真本事，让嫉妒自己的人心悦诚服。

给父母的建议

孩子遭人嫉妒，难免会情绪低落、变得焦躁，可能还会有生理上的各种不适。这时候，父母要谅解、安抚好孩子，帮助孩子面对、消除别人的“恶意”。

1. 鼓励孩子与嫉妒他的人敞开心扉地谈一谈

当孩子在与其他同学交往时，应主动放低姿态，说：“如果你比我更努力，你可以做得比我更好。”“其实你身上有其他优点，是我所不具备的。”这样可以赞扬别人的优点，适当暴露一些自己的缺点，能拉近彼此的关系。

如果孩子无法当面沟通，也可以用书信、简笔画的形式将自己的想法表达出来。

2. 鼓励孩子多为集体作贡献，赢得大家的认可

孩子可通过改变社交环境，塑造自身好的形象。孩子可以多参加团体类比赛，如运动会、知识竞赛、文艺汇演等，为集体赢得荣誉，展现自己的才能与价值。

3. 教会孩子调节自己的情绪，寻求帮助

找朋友倾诉、听一听喜欢的音乐、散散步、玩玩游戏，都能帮孩子疏解被人嫉妒的压力与郁闷。父母需要给孩子一定的空间和时间，去释放负面的情绪。

小孩子的嫉妒之情，可大可小，孩子要对别人的嫉妒有正确的认识。如果是轻微又无恶意的嫉妒，可以将其视为前进的动力；如果是带有暴力侵害性质的嫉妒，或是孩子无法排解心中的负面情绪，就有必要求助老师和家长了。

7. 孩子发生冲突怎么办

场景回放

金越是幼儿园中班里最小的孩子，经常被班里那个特别霸道的男孩袁圆欺负。

这天放学时，金越垂头丧气地走出校门。妈妈问他怎么了，金越“哇”的一声哭了出来，说：“妈妈！今天袁圆又打我了，他抢我的笔，还把我推倒在地上……”

场景分析

孩子的成长会经历许多阶段，孩子们嬉笑打闹之间，发生冲突可能都是常态。面对冲突，许多父母会又气又急，但冲突是一种必不可少的成长经历。

上了幼儿园是孩子发生冲突行为的一个高发期。犯罪心理学家李玫瑾教授就曾在《开讲啦》节目中表示，孩子要增强自己的体格，要有体育锻炼，不能一推就倒。只有保留锋芒，才能更好地保护自己。

给父母的建议

父母不能无时无刻地照顾孩子，保护自己的人身安全，捍卫自己的权益，这是孩子人际交往中很重要的一种能力。

1. 正当防卫，及时逃跑

教孩子以暴制暴，很可能会让孩子们受到二次伤害。正所谓“三十六计，走为上计”，孩子可以出手阻止别人的打人行为，比如用自己的手腕或用其他物品挡住，再从中抽身，避免继续受伤。

脱身后，孩子要快速跑开，寻找父母、老师的帮助，让其他孩子有所畏惧。

2. 握手言和，化敌为友

如果打人的孩子能意识到自己的行为是错误的，并愿意和好、做朋友，那自家孩子也可以适当地示好，消除之前的嫌隙，成为好朋友。

让孩子们一起郊游、参加社团活动、做游戏，等他们有了共同爱好和深厚的友谊，就不会发生冲突了。

笔记栏

第六章

美德教育让孩子更有吸引力

1. 心地善良的孩子受欢迎

场景回放

安静的图书馆里，传来一个小女孩儿的呼叫声“妈妈！妈妈！我够不到上面的漫画书”，只见她踮着脚张望着叫妈妈来帮忙。

此时，一个大她几岁的男孩闻声而来，本以为他会帮助小妹妹去拿那本画册，结果却是盯着女孩狠狠地说：“闭嘴，这里不是你大声吼叫的地方！”小女孩被吓得一哆嗦，放声大哭起来。

场景分析

作家马克·吐温曾说：“善良，是一种世界通用的语言，它可以使盲人看到，聋人听到。”心地善良的孩子，走到哪儿，都会受欢迎，被喜欢。当他们释放出友善的信号时，很轻易就能换回别人的善意，扩大自己的社交圈。

尽管父母都希望把孩子培养成一个善良的人，但很少听到大家夸孩子“善良”。其实，心理学研究发现，孩子在小时候就已经具备善良的品质了。

研究人员让一群不到两岁的孩子在房间里玩，不远处有一个装有假婴儿的摇篮。研究人员按下开关后，“婴儿”的哭声响了起来。

房间里的孩子立即停止了玩耍，转向摇篮的方向，脸上流露出难过的表情。其中一个名叫李奥的小男孩，虽然只有 21 个月大，但他尝试了许多方法来安抚婴儿。他先给婴儿喂水，发现没用后又用摇铃逗婴儿，随后还掀开被子检查婴儿的情况。

这个实验证明了，一岁多的孩子就有一颗善心，而两岁左右的孩子还可以用行动来表达善意。开篇的案例中，如果小男孩用善良的语气跟小女孩沟通，小女孩也不会放声大哭。

清华大学积极心理学研究中心主任赵昱鲲在《三个方法让孩子变得善良》一讲中说道："善良是一种能力，但它不仅仅是帮助你成功，帮助你交朋友的能力，而且是告诉你如何度过一生，让一辈子充实有意义的能力。"从长远来看，善良的孩子永远是社交的赢家。

给父母的建议

好的"善良教育"，不只是纸上谈兵，告诉孩子什么是善良，还要让孩子亲自感受善良，再学会表达善意。

1. 与孩子一起观看关于善良题材的电影、电视节目和书籍

电影推荐：《奇迹男孩》《菊次郎的夏天》《海蒂和爷爷》《反叛的童谣》《弱点》

节目推荐：《朗读者》《善良地活着》《你会怎么做》《变形计》

书籍推荐：《人性中的善良天使》《当良知沉睡》《爱的教育》《杀死一只知更鸟》

2. 教孩子保护花草和小动物

儿童心理专家在研究中发现，那些对小动物和花草有怜爱之心的孩子，往往更加善良；而那些对小动物、花花草草毫无感情的孩子，与人交往时也会显得特别冷淡。

父母可以买一些植物盆栽，让孩子悉心照料，也可以买一只小乌龟、小白兔当做小宠物，让孩子充当“保护者”“照顾者”的角色。在外时，父母也可以引导孩子爱护周边的花草树木，比如看到小草时，不踩踏、不玩耍。

3. 鼓励孩子做好事，并有意识地夸奖他

扶老人过马路、雨天给交警叔叔送伞、随手捡起地上的垃圾……父母可以教孩子做这些力所能及的事情。

当孩子做了善事，父母要特意夸一夸他。研究显示，对孩子来说，更有效的夸奖方式是夸奖孩子的品格，而非夸奖孩子行为的本身。例如，“你真是个善良的好孩子”“你好温暖贴心呀”“我看到你做了这件事，身上闪闪发光呢”。

4. 和孩子一起做志愿者

父母可以为孩子提供实践的机会，让孩子切实地看到、感觉到善良的人是什么样的。例如，一起去参加学校组织的义工活动，在附近的图书馆或动物收容所做志愿者，孩子不仅能看到别人的善举，还能体会到善良的意义，成为他敬佩的“善良的人”。

2. 你尊重孩子，孩子才会尊重别人

场景回放

然然和爸爸打球打得浑身是汗，妈妈在一旁哈哈大笑，说：“你们俩身上真臭！离我远点，远点。”爸爸对然然说：“咱们走，不理你妈妈了！”

隔天，妈妈带着然然出去跑步，碰巧遇到一个正在清理垃圾桶的清洁工人。然然闻到气味，立马捂着鼻子，指着清洁工人说：“臭死了！你离我们远点！”清洁工人听了，瞪着孩子正要说话，妈妈忙说：“不好意思！”说着便拉着然然跑远了。

场景分析

见到长辈不叫人，和老师抢路，不顾同学的想法偏要叫外号，看到别人出洋相就上去围观……每当孩子不尊重别人的时候，父母就会教育孩子一番。教育孩子不是简单地告诉孩子对和错，身教大于言传，想要孩子学会尊重别人，父母就要学会尊重孩子。

但生活中，许多父母都忘了“尊重是相互的”，他们不尊重孩子，却反过来要求孩子尊重别人。他们常把“尊重孩子”挂在嘴边，却喜欢摆出一副高高在上的姿态对孩子指手画脚，毫不在意地打断孩子的话，有时甚至会对孩子大吼大叫，完全不顾忌孩子的情绪和自尊心。在缺乏“尊重”礼仪的家庭环境里长大的孩子，很难学会尊重别人。

每个孩子都有被尊重的心理需求。在北京师范大学的一项调查中显示，在家庭和学校都能被尊重的孩子大多品学兼优、与人为善，而那些不被尊重的孩子或多或少存在一些问题，社会适应能力也不强。可见，只有受到尊重的孩子，才会懂得保护别人的自尊心，平等对待他人，包容别人的无礼，更受人欢迎。

爱尔兰戏剧家萧伯纳访问苏联时，曾在莫斯科街头遇到一个小女孩，两人欢快地玩了许久。告别时，萧伯纳说："回去告诉你妈妈，你今天和伟大的萧伯纳玩了！"

小女孩学着他的口气说："回去告诉你妈妈，你今天和苏联女孩安妮娜一起玩了！"萧伯纳立即意识到了自己的傲慢与唐突，随即道了歉。

虽然孩子年纪小，但他们被尊重的需要更强烈。如果这种需要没有被满足，孩子可能就会对周围的人表现出抗拒、敌意，难以建立良好的社交关系。

著名教育家陶行知在武汉大学演讲时，做了一个"鸡吃米"的实验，他在讲桌上放了一只大公鸡，又在桌子上撒了一把米，按住公鸡的头，强迫它去吃，结果公鸡怎么也不肯吃。但当他松开手后，没过一会儿，公鸡就开始自己啄米吃了。

父母越强势，孩子越会反抗，越学不会尊重。父母对孩子真正的尊重，不应是打着"爱与尊重"的旗号冷漠地发号施令。孩子的感受与自尊受到了伤害，又如何懂得尊重别人呢？

给父母的建议

与孩子的日常交往中，父母的一言一行都会不知不觉地影响孩子。因此，在教育孩子时，父母要身体力行地保护好孩子的自尊心。

1. 尊重孩子的身体和人格权利

在综艺节目《做家务的男人》中，有一期魏妈妈做好饭了，让孩子来吃，孩子表示不饿不想吃，魏妈妈强迫着把饭塞进孩子手里，说："乖，来，吃一口。"

其实，孩子对人、事物的感受，与大人是有差别的。父母没必要勉强孩子去接受自己的意见，这是对孩子感受的基本尊重。如果父母不确定孩子的想法，可以多观察、多沟通，千万不要以己度他。

另外，父母还需要尊重孩子的兴趣、个人隐私与选择。例如，当孩子满怀雄心壮志地说："我长大了，要当个木工！"时，父母不要打击、嘲笑他们"没出息"，更不要当众批评、辱骂孩子，而要表示支持和理解，进一步了解孩子为什么会想当木工。

2. 从尊重每一位家庭成员做起

与家人说话时，要主动称呼，多使用"谢谢""请""再见"等礼貌用语。做事前，尽量征求家人的意见，比如换电视节目频道时，主动问爷爷："爷爷，我可以换频道吗？"给狗狗喂食时，告诉狗狗："狗狗，你饿了吗？我为你准备好晚餐了，你随时可以享用。"孩子耳濡目染，就会形成尊重别人的意识。

3. 养成尊重别人的细节礼仪

一位妈妈教女儿接电话时，让她一定先要向对方问好“你好！”她的朋友每次打电话过来，都会赞扬她女儿很有礼貌。

其实，有很多细节都能显示出对人的尊重。比如，主动问好、别人尴尬时不起哄、给长辈让路、保护同学的隐私……父母可以多多注意这些细节，让孩子养成尊重别人的好习惯。

3. 教孩子说话要算数

场景回放

场景分析

孩子经常说话不算话，会给自己的社交带来一定的麻烦。就像“狼来了”的故事一样，如果孩子总是口头上答应了别人，又做不到，就是在消耗自己的信用值。时间长了，老师、同学、朋友就不会信任他了，甚至不愿意和他来往，信任危机就这样产生了。

当务之急应当是找出孩子说话不算话的原因，重新建立别人对他的信任。有的孩子在答应别人时，常常是头脑一热，没有考虑过自己能不能做到，就答应了别人，结果却兑现不了自己的承诺；有的孩子则是注意力不足，一转眼就忘了答应别人的事；有的孩子分不清事情的轻重缓急，该兑现承诺的时候，却被其他事情吸引了；还有的孩子是因为不重视自己说过的话，对不守信用需要付出的代价一知半解。

孩子说话不算数有自身的原因，也有父母的原因。有些父母常常在孩子面前信口开河，言而无信，孩子长时间耳濡目染，有样学样，也就不守信用了。

有的父母为了让孩子说到做到，通常会用各种方式来诱导，但效果并不好。比如，“要是你能准时起床，明天你就能吃一个冰激凌”。

有一回，宋庆龄与一所小学的负责人约好了去看望孩子们。谁知到了那一天，天公不作美，飞沙走石，风雨如晦。孩子们翘首以盼，不禁担忧道：“宋副主席可能不会来了吧。”

正当此时，校门外传来一阵汽车的鸣笛声，原来是宋庆龄冒着风雨而来。一位老师愧疚地说：“天气不好，您可以以后抽空来呀！”

宋庆龄摇了摇头，认真地说："我不能对孩子们失信，再大的风雨，我也要遵守诺言。"这给一旁的孩子们好好地上了一堂课。

人无信而不立，重诺守信是社交中一种很可贵的品质。学习这种品质，可以让孩子成为一个说话、做事有分量的人，在人际交往中赢得别人的信任与尊重。

给父母的建议

看到孩子出尔反尔，父母难免会生气地教训他们："你小小年纪就这么不讲信用，长大以后怎么办？谁愿意和你这样的人交朋友……"跟孩子这样交流，往往会给孩子的社交带来很大的心理压力。那么父母要如何做才能让孩子说话算数呢？

1. 不轻易承诺孩子，承诺以后必须守约

身教重于言传，孩子总是有样学样。不少父母为了安抚孩子，经常会许下承诺，结果自己做不到。别以为孩子不明白、忘记了，其实他们都记在心上，若亲子关系缺乏了信任，日后的教育就会有难度。

因此，父母自己要做到言出必行，既然答应了孩子，就一定要准时地兑现。

2. 与孩子约定简单易懂的规则

父母要先让孩子理解自己所做的承诺，明白其中的取舍，这样孩子执行起来就容易得多。

例如，父母要限制孩子看电视的时间，可以告诉他："你现在答应了

我，下午不看电视，那你今天下午就看不到小猪佩奇了，你能做到吗？”

在约定规则时，尽量避免出现复杂的信息，孩子更乐于遵守简单明了的规则。比如“明天你的朋友来做客，我们要准备两份小点心，你一份，他一份。”

3. 在孩子感兴趣的地方进行守约教育

刚开始，父母不要一味强迫孩子事事都要说到做到，这样易使孩子产生抵触情绪。

父母需要用心去了解孩子，从孩子感兴趣的方面下手。比如孩子对和朋友出去玩、玩玩具、遛狗等活动颇有兴趣，父母就可以在这些事情上与孩子约定，对具体时间、地点和任务都做出具体的要求，监督孩子行动。起初，孩子可能会推辞、拖延，次数多了，就能养成习惯了。

4. 给“说话算数”添加仪式感

如果父母要培养孩子说到做到的良好习惯，不妨刻意增加一些仪式感，引起孩子的重视。

例如，在约定一些重要的事前，孩子答应之后，可以签订一份协议，让孩子感受到“说话算数”的认真和严肃。

当孩子说出他的承诺后，父母要认真地回应，并陪伴孩子完成承诺，举行一场小小的欢庆会。这个过程中，孩子能真切地体验到信守承诺带来的价值感和喜悦感。

4. 与人发生矛盾时，教孩子“大度”

场景回放

茂茂和同学们追逐打闹时，不小心被一个同学绊倒了。他爬起来就踢了同学一脚，同学们被茂茂吓到了，纷纷后退了几步，不敢和他一起玩了。

场景分析

法国著名音乐家福莱曾经说：“一个不肯原谅别人的人，就是不给自己留余地。”父母都希望孩子能宽容和体谅他人，把路越走越宽，但当孩子与朋友闹了矛盾，却又半步不让。

孩子和同学、朋友玩耍，很容易产生摩擦。各种各样的摩擦，都是考验孩子大度的“敏感时刻”。心理学家李雪曾说过：“童年是经历各种自发体验的过程，既有温暖的支持理解，也有激烈的口角冲突，嬉笑怒骂构成童年百态。”

既然社交中的矛盾是无法避免的，那就将所有的矛盾当做人生的课题，让孩子在矛盾中不断学习、成长。这样，孩子才能慢慢厘清“自我”与“他人”的关系，明白霸道无礼、咄咄逼人也无济于事的道理，从而学会宽容大度地处理问题。

人非圣贤，孰能无过。教会孩子大度待人，不仅能让孩子享受内心的一片净土，还能赢得大家的尊敬与爱戴，建立和谐的人际关系。

在集体生活中，孩子或多或少需要接受别人的帮助。如果孩子总是因为一件微不足道的小事就与别人针锋相对，是很难交到好朋友的。而且，他们对别人的过错斤斤计较，会让他们不怎么受欢迎，给他们的人际交往造成障碍。而懂得宽容的孩子，展现出了自己宽大的气度与博爱的境界，能消除许多无谓的争执。

宽容是一种生存的智慧、社交的艺术。苏联著名教育学家苏霍姆林斯基说过："有时，宽容引起的道德震动比惩罚更强烈。"在孩子的社交关系中，这个道理同样适用。

给父母的建议

北京师范大学教育系与中国青少年研究中心曾对中小学生做过一次调查。对于问卷中"对于过去欺负过你或严重伤害过你的人，你会怎么办？"的这个问题，只有 29.9% 的学生表示会原谅不计前嫌。由此可见，能主动宽容别人的孩子很少，因此，父母要注重培养孩子宽容大度的品格。

1．教孩子换位思考，理解朋友的缺点

当孩子与朋友发生矛盾时，父母要教育孩子先将自己的观点、见解放到一边，从对方的角度出发，思考对方的情绪与行为。父母可以引导孩子，"要是你是他，你会怎么想，怎么做呢？""他或许只是想征求你的同意，如果你能和他同一条心，他心里会不会好受一些？"

人无完人，朋友有缺点，需要包容，孩子自身也会有缺点，需要朋友的包容。父母要让孩子明白，不要紧抓着朋友的缺点不放。“如果你因为粗心而弄丢了别人心爱的书，那你希不希望得到别人的原谅呢？”这样，孩子看到了矛盾的另一面，就能推己及人，宽容待人了。

2. 让孩子记住“宽容大度是有底线的”

大度不是毫无原则的退让与妥协。在黑白分明的问题上，孩子的谅解，反而会让别人得寸进尺，进而伤害自己。就比如对待偷东西、撒谎骗人、校园霸凌，孩子就应该零容忍。

对于与人交往中出现的一些无关紧要的小问题，没有严重损害友谊和团队荣誉的行为，孩子可以忍让、原谅。但也要灵活，尤其是班干部，在退让的同时，要诚恳地指正，正视双方的不足。

3. 在教孩子大度时，不要忽略孩子的感受

父母没必要强迫孩子做出大度的样子，这样他也会感到委屈。长此以往，孩子的内心就会变得敏感、脆弱，性格也会变得内向起来。

父母要调整好孩子的情绪和心态，告诉他们，和同学、朋友闹矛盾是常事，不能因为这些矛盾就毁了一天美好的心情。要学会忘记，而不要一直耿耿于怀；否则孩子的心态会越来越忧郁，甚至焦虑、社恐。

当孩子无法调节好自己的状态时，父母可以帮助他们与当事人好好沟通，解开心结。

5. 给孩子灌输乐于助人的美德

场景回放

周疆下楼打篮球时，见到几个比他小的孩子正在树下你一言我语不知说着什么。周疆快步上前询问，原来，他们不小心把羽毛球打到了树上，卡住了。

“别急，我帮你们取下来吧！”周疆边说边撸起袖子，敏捷地爬上树，将羽毛球抖落下来。地上的小朋友们欢呼雀跃，纷纷上前感谢这个热心肠的哥哥。

场景分析

助人为乐是一个永不过时的美德，乐于助人的孩子表现出的善良、热心，都是不可多得的宝贵品质。在马路上看到老奶奶过马路，主动上前帮助；看到同学被人欺负，帮忙解围或者寻求老师的帮助……这样的孩子，谁见了都赞不绝口。

美国一档儿童财商节目的导师曾说，每个人都有一个终生情感储蓄账户，帮助别人、献爱心，就是在为自己的情感账户里储蓄。未来的某一天，当他/她需要帮助时，他/她的情感储蓄就会产生作用，就会有“一方有难八方支援”的景象，这无疑是社交中非常珍贵的一种凝聚力和财富。

但孩子助人为乐，也要有一定的分寸，有时热心过头了反而会影响与同学或朋友的友谊。成和花见同桌每次考试都是倒数，便主动帮同桌补课，连课间休息的十分钟，成和花也拉着同桌讲解题目。

起初，同桌非常感谢成和花的热心帮助。可每回考试成绩下来，成和花就会说："感谢我吧，要不是我，你还是倒数呢！"同桌每回听到她这么说，心里就很不舒服。后来，同桌不想补习了，可成和花却逼着同桌学习，久而久之，同学对补习提不起兴趣，刚有起色的成绩又变差了。两人的关系也越来越疏远了。

过度的帮助，对别人来说可能就成了一种负担，这种心理压力自然会阻碍交友。像成和花这样的助人型人格，虽然能第一时间察觉到别人的需求，主动奉献自我，帮助他人，但他们心思比较敏感，常常将自身的价值完全寄托在别人的评价中，特别在意别人对自己的看法。这种性格的人在帮助别人时，往往会为了不断取悦他人而失去自我，从而陷入病态的交往模式中。

父母要卸下孩子身上"助人为乐"的包袱，让孩子轻松地与他人交往，发自内心又恰到好处地帮助别人。

给父母的建议

父母在教孩子乐于助人时，说教的作用并不大，可以通过以下互动，让孩子懂得助人为乐是一种好的品质，从而慢慢改变自己的行为。

1. 用具体、明确的指令引导孩子帮助人

一个心理实验显示，对一个不到三岁的孩子说"我好冷"，他就能去

拿毯子给人取暖；但对一岁半的孩子说“要是有床毯子就好了”，他却很难理解这句话的意思。

如果孩子没有帮助别人的经历，父母就需要有意识地教孩子“做什么”“怎么做”，引导他动手帮忙，才能养成助人的习惯。比如在超市看到别人将货架上的商品弄到了地上，可以告诉孩子“我们去帮忙把东西捡起来吧！”

孩子的学习能力、观察能力、模仿能力都是很强的，这样的引导会让孩子懂得如何真正地帮助别人。

2. 鼓励孩子日常做一些慈善小事

日常生活中，父母可以多多提醒孩子帮助别人。例如，父母可以教孩子存一部分零花钱，捐赠给需要帮助的人，如孤儿院的孩子、边远山区的学生、受灾群众等，这样孩子就能感受到帮助别人的价值感。

3. 教孩子在帮助别人的时候保护好自己

孩子帮助别人不能过于感情用事，还是要讲究策略，考虑自己的能力。否则，不仅帮不了忙，还可能会添乱。比如，看到同学、朋友落水时，孩子不能下水救人，而应该求助大人，在帮人的同时保护好自己。

面对复杂的社会，孩子一时好心，有时反而会惹祸上身。即使父母告诉了孩子什么是好、什么是坏，孩子也不一定能理解。因此，当陌生人找孩子帮忙时，孩子应该告诉父母、老师，以寻求其他大人的协助。

比如，有一个陌生的阿姨来问路，让孩子带她去，孩子就应该让她去找别的大人或是警察帮忙，这也是一种帮助。

6. 让孩子成为富有同情心的人

场景回放

场景分析

那些“被老师喜欢而且在小朋友中广受欢迎的孩子”，往往是具有同情心的“暖宝宝”们。富有同情心的孩子，会对弱势群体多几分爱护，会因为一只小动物的死亡而潸然泪下，会主动安慰伤心的小伙伴……由此看来，同情心也是非常重要的一种品质，有了它，孩子就能感知到他人的不幸和困难，从而对他们表现出关心、支持和援助。

在纪录片《小孩的神秘生活》中，杜一诺小朋友抽到一个任务——需要喝下一杯苦瓜汁。小朋友们都不愿意喝苦瓜汁，纷纷皱起了眉头，有的还后退了几步。杜一诺拿着杯子，迟迟不敢喝，一边擦眼泪，一边哽咽地哭泣着。

此时，另一个小女孩白曼可站了出来，捏着鼻子帮杜一诺喝下了剩下的半杯苦瓜汁。工作人员问她为什么这么做时，白曼可说："因为杜一诺哭了，她没办法喝。"一诺的痛苦，她感同身受，虽然她也怕苦，但她仍愿意帮她解围。相对于其他娇生惯养的孩子，有同情心的孩子自然更容易受到别人的称赞与喜爱。

《给孩子最好的教养：世界优秀家族教子家训》中写道："如果父母能够培养孩子的爱心和同情心，孩子就会懂得观察、感知、关心和帮助别人，久而久之，孩子就能变得心胸开阔、胸襟豁达了。"

给父母的建议

培养孩子的同理心，是一堂必不可少的教养课。父母永远不要忽视共情的力量，因为它将在孩子未来的社交中起到至关重要的作用。

1. 引导孩子正确地表达同情心

一些父母不太了解孩子心理发育的特点，有时孩子看到别的孩子哭，就会不自觉地跟着哭，而父母就会不耐烦，将孩子痛斥一番。这样，孩子就会觉得自己同情别人的行为是错误的，下一次不能表达自己的同情心。

遇到类似的情况时，父母应该引导孩子正确地表达同情的情绪。例如，看见小伙伴哭，孩子应该上前抱抱他，帮他擦掉眼泪，安慰他。

2. 主动示弱，给孩子表达同情的机会

父母生病、受伤或是难过时，可以主动地向孩子倾诉，引起孩子的共情。孩子知道这些事情，才有恰当的机会来表达他的同情心。

3. 借助动物、植物来培养孩子的同情心

当孩子看见弱小的蚂蚁、蜻蜓或流浪狗时，父母可以告诉孩子："它们也像人一样有生命、有感觉，如果有人伤害了它们，它们也会疼、也会哭。"

当孩子看到被丢弃的鲜花、枯黄的小草、被折断的树枝，父母可以告诉孩子："你看，它们都失去了自己的生命，多么可怜啊。"这样，就能让孩子对动物、植物的遭遇感同身受，从而唤起他的怜爱之心。

父母还可以教孩子如何去爱护植物，比如不摘大树的"头发"、不划大树的"皮肤"，吹蒲公英是在帮它播种……在真实的场景中，用拟人化的解释，打动孩子，孩子就能成为一个富有同情心的人。

7. 懂得感恩的孩子，更受欢迎

场景回放

某市一名小学生，放学时忘了带学生卡和现金，身上也没有手机，无法乘坐地铁。在安检口犹豫了一会儿，她向工作人员借了手机，拨通了父母的电话，但她的爸爸妈妈都在工作，没办法过来接她。地铁工作人员了解了孩子的困难后，借了她5元现金，让她乘车回家。

没想到，第二天，这名小学生特意找到了地铁的工作人员，归还了车票钱，还亲笔写了一封感谢信。

场景分析

有位散文家曾说："生活需要一颗感恩的心来创造，一颗感恩的心需要生活来滋养。"当孩子拥有一颗感恩之心，他就能温暖所有人，让身边呈现出各种美好。

懂得感恩的孩子，之所以更受欢迎，是因为他们明白"滴水之恩，当涌泉相报"，他们不会将别人对自己的帮助视若无睹，而是会用行动去表达自己的感谢。这样的孩子，总是能得到旁人的高看，是别人交朋友的首选对象。

感恩不仅是一种品质，还是一个人自我认知的重要组成部分。研究表明，常常心存感激的人，性格通常更加开朗、自信，并且十分容易满足、感到快乐。这样的性格特征，会让孩子的人际交往变得更加轻松简单。

美国石油大亨亚蒙·哈默小时候非常贫穷，他所在的小镇上的许多人有了困难都会寻求镇长杰克逊的帮助。走投无路的亚蒙·哈默有一次也找到了镇长。当杰克逊将食物和钱递给他时，亚蒙·哈默并没有立即接过，而是说："先生，请问我能为您做些什么？"杰克逊镇长推辞了一番，最后让他帮自己捶背，亚蒙·哈默才安心接受了这份救济。杰克逊心中十分欣赏这个懂得感恩的孩子，多年后，将自己的女儿嫁给了亚蒙·哈默。

对同学、朋友、老师甚至是陌生人，都能永怀一颗感恩之心，为自己建立良好的人际关系，这是许多孩子都缺少的一笔隐形财富。

孩子懂得感恩，通常是从感恩父母开始的。懂事的孩子，将父母的付出看在眼里、记在心里，会发自内心地关心父母，为他们做一些力所能及的事。有时，父母误解、冤枉了自己，他们也能体谅父母的良苦用心，一笑而过。

教孩子懂得感恩，其实就是这么简单。

给父母的建议

著名儿科专家张思莱医生曾说："我们要求孩子学会感恩，就是要求孩子对父母及所有人，以及社会和大自然给自己带来的恩惠从内心深处表示认可，并给予回报。"那么，父母要如何培养孩子的"感恩之心"呢？

1．不要过于溺爱孩子

孩子都是父母的"心头肉"，父母在教育孩子时，一定不能溺爱孩子；否则，会让孩子觉得父母对自己的爱与付出都是理所当然的事情，从而失了感恩之心。只有让孩子体会到父母养育自己的辛苦，他才会选择回馈父母对自己的爱。

因此，父母要适当地放手，遇到问题尽可能让孩子自己解决，这样他们才会真正懂得父母的爱。

2．让孩子学会说"谢谢"

《家庭教育：给孩子成长的力量》一书中写道"感恩教育从一句'谢

谢’开始”。

在孩子一岁左右会说话时，父母就可以教孩子用语言对别人的帮助表示感谢，如请爸爸帮忙抱起自己之后，或是请妈妈给自己泡奶之后，说一句“谢谢”。

等孩子行动力更强以后，父母可以教孩子一些表示感谢的肢体动作，比如握手、鞠躬等，为自己的感谢增添一些仪式感。例如，教师节给老师送花祝福后，孩子深鞠一躬，对老师说：“谢谢您的付出！”老师一定会更加感动，在心中为这个孩子默默加分。

3. 写“感恩日记”

每天临睡前，或是每周末，父母可以陪孩子抽空写一个“感恩日记”，记录这一天或这一周孩子想要特别感谢的事情，还可以亲手绘图，加深印象。

日记开头，可以这样写“我感谢 ××（同学 / 朋友 / 老师），他……”

心理学家伊洛娜·博尼韦尔在研究中发现，如果孩子每天写下三件感恩的事，坚持七天以上，就能提升自己的幸福感，甚至在半年后仍会保持感恩。

4. 带孩子参加感恩活动

学校、社区等许多地方都会组织感恩活动，如教师节、父亲节、母亲节、劳动节等。父母可以利用这些契机，让孩子给老师制作贺卡、手工小礼物，为父母做一顿饭、洗一次衣服等，将感恩落于实处。

笔记栏

第七章

让孩子学会和不同的人打交道

1. 让孩子学会与不喜欢自己的同学相处

场景回放

“妈妈，我今天又给小爱分享了我最喜欢的玩偶，可她还是不理我，她怎么那么讨厌我呢？”吴漾一回到家就哭诉起来。

妈妈帮她擦干眼泪，不知如何安慰她，只好说：“没事，没事，妈妈喜欢你。”

场景分析

孩子有他们喜欢的人，也会有不喜欢他们的人。即使孩子释放出友好的信号，也会有同学不喜欢他。

有些孩子为了改变别人不喜欢自己的局面，讨人欢心，会主动示好。刚上幼儿园的全玲，一周也没交到几个朋友。为了让同学们都喜欢上自己，她开始每天分享一些自己最喜欢的糖果，“尝到甜头”的小朋友们和全玲越来越亲近。后来，全玲就不再分享糖果了，结果同学们因为吃不到糖果，失去了热情。更意外的是，有些小朋友还说她是“小气鬼”，甚至不让其他小朋友和她玩。

全玲没有如愿获得小伙伴们的好感，其实是用错了社交方法。用糖果来打开交际的大门无可厚非，但一直用物质来维持与同学的友谊，其实只是停留在“礼尚往来”的层面。一旦失去了物质的粘合，孩子们的友谊也会随之破裂。

有的孩子认为，同学不喜欢他，更多是一种主观感受，这种判断可能会存在一些误解。例如，孩子觉得同桌不常和自己说话，就是不喜欢自己，这种想法往往是比较片面的，可能是因为同桌性格内向、不爱说话而已。又比如，孩子参加的篮球队赢得了比赛，但同学们都去恭喜得分更多的同学了，就觉得大家不喜欢自己，但其实只是大家潜意识里比较关注最优秀的人，而忽视了其他人。

给父母的建议

当孩子说同学不喜欢自己时，内心充满了失落，父母应当如何开解孩子呢？

1. 了解清楚孩子社交的真实情况

孩子的哭诉、表达往往不够客观，父母可以通过孩子的老师、同学了解他与人交往的真实状态。了解清楚孩子是怎么与老师和同学互动的、是不是经常与同学们发生冲突、会不会被同学们邀请玩耍等情况之后，父母才能进行准确地分析，“对症下药”。

2. 教孩子从自己身上找问题

心理学认为，刻板印象也是可以改变的。如果孩子向父母抱怨“他怎么就是一直不喜欢我呢”时，父母可以告诉孩子：“是不喜欢你一个人，还是很多人。如果只是不喜欢你，说明你还有需要改正的地方，想想你身上有哪些地方需要改变？”

父母可以带着孩子反思自己，比如“大家不喜欢不讲卫生的小朋友，我是不是其中一个？”“大家不喜欢说脏话的小孩，我是不是有这个习惯？”“大家不喜欢和别人抢玩具的小孩，我有没有做过这样的事？”然后，和孩子一起思考如何去改变，才能改变别人对自己的印象。

3. 教孩子笑对每一个不喜欢自己的人

如果仅仅因为别人不喜欢自己，就对别人横眉冷眼，这是不正确的行为。相反，如果孩子能多一点笑容，得体地对待别人，才有机会让别人刮目相看。

2. 不必阻止孩子和“差生”交朋友

场景回放

周末，陈亚和妈妈说想邀请韩果来家里玩。

妈妈：“是不是那个你说的那个总考六十多分的韩果？”

陈亚：“对啊，怎么了？”

妈妈：“还是算了吧。你现在五年级了，不要和成绩差的同学一起玩了。”

陈亚听了很生气，说：“韩果是我的好朋友，我怎么能不和她玩？”。

妈妈也气道：“再和她玩，你也会变成差生了！”

场景分析

有的父母总喜欢让自己的孩子和成绩优异的孩子玩，不愿意孩子与成绩差的孩子玩。他们担心孩子正处于学习习惯养成的阶段，如果在学校里和“差生”交朋友，会影响成绩，甚至会学坏，毕竟“近朱者赤，近墨者黑”。于是，这些父母就凭着自己的主观意愿，阻止孩子和“差生”交朋友。如果只是因为对方学习成绩差，其他品德行为都没有问题的话，其实大可不必。这样很容易引发孩子产生逆反情绪。

中国女排原总教练郎平在一档人文节目中讲述了一个关于她朋友孩子的故事。她朋友对孩子的交友管束得非常严格，不能和成绩不好的孩子玩，不能和爱玩游戏的孩子玩，甚至不能和同龄人玩，因为他们不懂事。结果，朋友家的孩子长大以后，融入不了社会，更不愿意工作。

成绩差只代表孩子学习方面不够优秀，却代表不了其他方面。比如，有的成绩差的孩子动手能力非常强；有的成绩差的孩子在班里待人热心，关心同学；有的成绩差的孩子乐观幽默；有的成绩差的孩子心地善良、单纯。

孩子和谁交朋友，重要的是互相欣赏，共同进步，而不仅仅是分数一致。如果父母从小就让孩子带着功利心与人交往，很可能会影响他们的交友观，变得短视、计较、势利，难免在人际关系中受挫。

交朋友和考试不一样，没有标准的过程和答案。美国著名人际关系学家戴尔•卡耐基曾说：“周围都有好朋友的人，比四面楚歌的人不知幸福多少。”与其日夜忧心孩子被所谓的“差生”影响，父母应该让孩子学会如何正确地与这些“差生”交往。

给父母的建议

孩子和差生交朋友并一定就是坏事，父母可以借此机会帮助孩子塑造正确的交友观。

1. 教孩子看见并学习差生身上的闪光点

孔子言：三人行，必有我师。学习课本知识，只是孩子成长中的一小部分，尤其对于低学龄孩子来说，学习成绩往往不能准确地反应出他们自身的素质能力。

任何一个孩子，都有他自己的闪光点，或是热情大方，或是乐于助人，或是勤劳勇敢，或是多才多艺……应教会孩子看到每个人身上值得学习的地方，取长补短，锻炼自身方方面面的能力。

学习成绩只是孩子结交朋友的参考标准之一，兴趣相投、性格合适也是非常重要的。家长不能戴着“有色眼镜”去看差生，丢掉“差生就是坏孩子”的刻板印象，学会发现这类孩子身上的优点。也许他们在体育运动、手工绘画、演讲等方面才能出众，正好是自家孩子的短板，值得孩子学习。

如果两个孩子之间的交往以共同的兴趣为基石，就能一起变得更加优秀。无论是去运动健身、参加兴趣班，还是去看展览、参加比赛，孩子都能找到玩伴，这个过程就能充满快乐，还会有所收获，父母应当给他们多创造这样的机会。

2. 让孩子远离拥有坏习惯的差生

有坏习惯的差生，父母一定要坚决反对孩子与他们来往。尤其是上网有瘾、喜欢打架的孩子，绝对不能交往。另外，习惯较差、家教不好的孩子，孩子也要少来往，以免没有判断力的孩子误入歧途。

平时，父母要多观察孩子的行为变化，如穿衣风格、说话方式、学习态度等。如果孩子越来越消极，父母就要立马干预，防止孩子被带坏。

3. 别让孩子瞧不起家庭条件不好的孩子

场景回放

谭妙可紧盯着电视节目说："妈妈，这些山区的孩子看着脏兮兮的，谁愿意和她们做朋友啊？"

妈妈看着女儿一脸嫌弃的表情，无奈地说："妙妙，她们吃不好、住不好，很可怜的，我们应该有爱心一点，和她们做朋友啊！"

"我才不要！"谭妙可一口拒绝道。

场景分析

有些孩子仗着家庭条件好，就会不自觉地表现出一副盛气凌人的样子，对家庭条件不好的孩子评头论足，完全不尊重别的孩子。比如，笑话、看不起家庭条件不好的孩子，故意在他们面前炫耀自己的玩具、文具等。

这些孩子仅凭与其他孩子在家庭条件上的差距，就盲目认为自己比其他孩子优越，直接忽视了自身与其他孩子之间的差距，默认其他孩子为自己让步是理所当然的事。但孩子之间相处，是以平等为基础的，如果孩子总是以高人一等的姿态，通过揭露别的孩子的短处来满足自己的虚荣心，就会导致孩子被孤立。

为什么孩子会瞧不起家境不好的孩子呢？有的是因为他们自身的生活条件过于优越；有的是因为父母平时就有瞧不起人的习惯，在潜移默化的影响下，孩子也会表现出一副瞧不起人的态度。

所以，做父母的一定要重视起来，积极寻找原因，帮孩子改正错误的认知，建立正确的交友观。

给父母的建议

父母在教育孩子的时候，一定要注重培养孩子的内在价值，让孩子摆正态度与同学们平等相处。

1. 教孩子换位思考

父母应当告诉孩子，无论自己的生活条件多么优越，都要懂得尊重其他孩子。父母可以引导孩子换位思考："如果你被同学嫌弃你穿的鞋子不好看，买不起好吃的蛋糕，甚至没看过一场电影，你会不会觉得同学不尊重你，说得太过分？"帮孩子学着去理解别人的难处。

2. 不要过度炫耀

父母不必刻意强调自家的经济状况，告诉孩子"别人家都没我们家有钱！"也不要有意无意地嘲笑家境不好的人，说"你看那人身上，没一样拿得出手的。"这样，孩子会耳濡目染，在同学面前故意炫耀，看不起家境差的孩子。

3. 绘本推荐

父母可以试着用绘本与孩子聊一聊“贫穷与富有”，让小孩在故事中了解贫富、强弱、差异和包容，培养孩子正确的价值观。相关的绘本有：《狮子和老鼠》《公园里的声音》《家》《约瑟夫有件旧外套》《爷爷一定有办法》《欧先生的大提琴》等。

4. 告诉孩子“有爱心比有钱重要”

孩子瞧不起家庭条件不好的人，其中一个原因是他们的价值认知不够全面。他们错误地认为自家比别人有钱，是一个值得骄傲的优点。那么，父母可以找个机会，让他知道，家境不好的人也有过人之处。

4. 让孩子平等对待身体有残疾的朋友

场景回放

（1）英语课上，老师正在给学生播放课文录音。张丰突然抢走了前座段奇的助听器，看着怒目圆睁的段奇，得意洋洋地说：“你听不见了吧。”

（2）老师：“今天来了一个新同学，腿脚不太方便，请同学们多多照顾他。”

一下课，同学们就围了过去，“需要我帮你接水吗？”“你要去上厕所吗？我陪你去。”“你上节课有什么听不懂的吗？我可以教你。”……新同学一脸尴尬：“不用了，谢谢。”

场景分析

研究表明，4～5岁左右的孩子就已经开始觉察到残障儿童的不同之处，并根据具体的残疾特征，如跛脚、听力差、反应迟钝等，传达出自己对残疾儿童的看法和态度。

一些孩子可能缺少同情心，对身体有残疾的人比较冷漠，甚至会幸灾乐祸地起外号。而有些孩子很善良热心，一心想要帮助弱势群体，反而会造成过度关心，可能会将心思敏感的残疾儿童置于难堪的境地。

孩子身边出现的残障儿童，或许看不见、听不见，或许行动不便，但他们依旧在努力地融入正常孩子的生活。可见，他们不仅生命力强，自尊心更强。大部分孩子都懂得尊重和爱护残疾儿童，但他们往往会忘记这些特殊的孩子对人格“尊严”的诉求。

正常孩子过度地保护、帮助这些残障儿童，反而会给他们带来一定的心理负担。因此，如果孩子身边有残疾的小朋友，父母一定要引导孩子平等地对待他们，不要伤害他们的自尊。

曾在某个综艺上看到一个节目：有13个残障少年和11个非残障少年从五湖四海而来，一起参加为期四天三晚的残健融合秋令营。全程没有父母的参与，从穿衣吃饭，到完成指定的挑战，所有事情都需要孩子开动脑筋，亲自动手。

其中的13个残障孩子，并没有因为自身的不足选择中途放弃，而是想方设法地用自己擅长的方式与团队成员们相互配合，出色地完成了所有任务。他们并不是抱着寻求帮助的目的来参加活动的，而是希望得到和正常孩子一样的对待，借此机会来证明自己的能力。

无差别对待身体有残疾的孩子，才是对他们表示尊重的最好方法。在日常相处时，孩子们应该将他们当作正常的玩伴；在他们寻求帮助时，孩子们也能淡然地进行“点到即止”地帮助，这样，他们会相处得更加融洽。

给父母的建议

如果孩子身边有身体残疾的同学、朋友，请父母耐心地引导孩子观察、倾听他们的需求，用平和的方式对待、帮助他们，不要做出“自以为是善意”的举动，伤害到他们的自尊心。

1. 让孩子理解什么是对残疾儿童的真正尊重

父母可以告诉孩子，残疾儿童和健全的孩子是一样的，只是失去了身体上一些很重要的东西。

孩子不能因为他们生活困难，就流露出怜悯、回避、恐惧的神情，更不要打听他们残疾的原因与痛苦，这并非真正的尊重，而是一种二次伤害和歧视。真正的尊重是孩子将他们当作普通玩伴来平等对待，没有嘲笑，也没有“被特殊照顾”。

2. 帮助残疾儿童时，适可而止

残疾儿童在生活、学习中可能会有诸多不便，当孩子意识到他们需要帮助时，可以伸出援手。但只需要帮助他们因残疾部位引起的不便之处，比如不能稳稳拿住杯子、帮视力不好的孩子捡起眼镜等。

在帮助对方时，最好先征得他们的同意，不要盲目去帮对方做事，以免尴尬。

3. 体验“当一个小时残疾人”

父母还可以试着和孩子一起玩一些扮演残疾人的角色小游戏。例如在一个房间里蒙眼独处、外出购买东西不能说话、绑着双腿在家运动等。这不仅能让孩子体会到残疾儿童面临的种种困难，还能增强孩子的共情能力，发自内心尊重和关爱残疾儿童的自尊。

5. 面对孩子交网友，害怕不如引导

场景回放

女儿丹丹（15 岁）：“爸爸，我这周末要去火车站见个网友。”

爸爸：“他多大了？你认识他吗？”

女儿丹丹：“是我同学介绍的一个朋友，我们在网上聊了很久了。”

爸爸一听，担心自己要是拒绝了女儿的请求，女儿下次就会偷偷去见网友。于是他和丹丹商量：“你可以去见网友，但要把地点改到视线开阔的广场上，爸爸要在不远处看着，保护你，可以吗？”丹丹欣然答应了。

场景分析

据《2020 年全国未成年人互联网使用情况研究报告》显示，有 33.7% 的孩子在学龄前就开始使用互联网，有超过 50% 的小学生拥有个人的 QQ 账号，5 岁的孩子每天上网 3 小时……网络“低龄化”的趋势越来越明显。

从电脑、平板到手机、智能电话手表，孩子网络交友的方式越来越多。父母看到孩子与陌生网友聊天、交友，就会开始焦虑、害怕孩子的交友圈扩大到一个父母无法及时掌控的范围，引发各种问题，影响孩子们的身心健康。

孩子年龄尚小，识别是非能力差，自我保护意识不强，可能瞒着父母偷偷和网友见面，如果父母未能及时发现并阻止，后果很难预测。

即使孩子没有在网络交友中受到实质性的伤害，他们的性格、习惯也会有所改变，影响生活中的社交。当孩子长期依赖于虚拟社交后，他们容易形成一种“网络性格”——孤独、紧张、恐惧、冷漠和非社会化。

在网络上，孩子可以虚构自己的身份，无所顾忌地说话。尤其是对性格内向的孩子来说，网络给他们提供了一个自由的表达环境，取代了生活中的各种社交，因此，他们可能会渐渐脱离校园、脱离社会关系。一旦回到真实的线下社交中，会表现出拘束、紧张的一面。

网络交友为何会对孩子有如此大的吸引力呢？其一，孩子对陌生的网络交友充满了好奇。身边的同学、朋友是经常能见到的，往往没有神秘感和新鲜感，而网络中的朋友能让孩子充满好奇，一探究竟。如果孩子能在网上找到志同道合的人，比如喜欢同一部动漫，喜欢同一个电影，他们就更愿意与网友聊天。其二，孩子在现实生活中的人际关系可能出了问题。有些孤僻的孩子，在学校、周边缺少朋友，于是就希望能在网络上交到新朋友，来缓解心中的孤单。

网络交友其实是一把“双刃剑”，孩子可能会结交到优质的知心好友，也可能会被欺骗、伤害。父母一味禁止孩子结识网友，可能会加重孩子的逆反心理。因此，面对孩子结交网友的行为，最好的办法就是加强孩子的网络安全教育，教他们在交网友时懂辨别、会判断。

给父母的建议

网络时代下，家长要重视引导孩子理智对待网上交友，保护孩子不受伤害，助力孩子健康成长。

1. 让孩子与网友见面前，一定要告知父母

近年来，因为孩子不经父母同意，私下与网友见面，导致悲剧发生的案例时有发生。父母应该告诉孩子，网上也有坏人，那些看着可爱友善的人，在现实中也许是一个游手好闲的骗子，如果你真的想去见网友，请一定要告诉爸爸妈妈，爸爸妈妈可以保护你，与你一起见网友。

2. 教孩子不要告知网友任何隐私

孩子往往意识不到个人信息的重要性，他们会在网上注册各种账号，将自己详细的个人信息如实地填上去，甚至会上传自己的照片。个人信息泄露，轻则会收到源源不断的垃圾信息，严重的会被不法分子利用，甚至

会危及孩子的人身安全。

因此，父母要告诉孩子，未经爸爸妈妈同意，不能在网上泄露姓名、年龄、学校和家庭住址，以及电话等个人信息。

3．为孩子安排一个美好的课余时光

父母应该让孩子摆脱虚拟社交，在生活中结交更多朋友。如果孩子总是抱怨和同学、朋友相处无聊，父母可以多与孩子讨论各种不同的社交方式，让他们有更多的选择。

比如，做一顿孩子喜欢的大餐，把同学带回家聚会；陪孩子参加儿童健身活动，结交新的小伙伴；与其他家长一起，定期带孩子去公园、游乐园聚会……父母为孩子多多提供一些与身边朋友交往的机会，孩子就能发现现实生活中人际互动的有趣，找到兴趣相投的玩伴，转移对网友的注意力。

6．教孩子接纳和理解别人身上的不同

场景回放

美术课上，陈艺夺下同桌的画笔，说：“老师说了，太阳要用红色蜡笔涂！”

同桌拿回自己的画笔，说：“我喜欢黄色的太阳。”两人你争我抢，闹了起来。

场景分析

孩子从小就会在学校、居住场所接触到不同的玩伴，这些玩伴可能来自其他城市，说着孩子听不懂的方言；可能家庭教育不同，兴趣爱好也有许多差异。如果孩子无法理解、接纳别人的不同，他们就很难和其他孩子友好相处。

孩子在四岁左右，就能意识到自己与其他人的区别。当他们一起玩时，孩子会不自觉地发出疑问“你的头发怎么是卷的”“你怎么比我们高这么多”“他为什么不能吃猪肉”等。这些问题恰恰反映出孩子的一些特点：为什么别人和我不同？

如果父母没有察觉到孩子的疑问，孩子可能会对这些未知的、奇怪的事物感到好奇。当孩子们将“不一样”的孩子当作异类时，父母的态度至关重要。

曾在网上看到一个育儿类短视频博主分享她家女儿的故事。她女儿班里转来了一个小男孩，常常午饭时会自带大葱，蘸酱吃。女儿非常不喜欢这种味道，小男孩跟她打招呼，女儿视而不见。博主知道后，特意告诉女儿：“宝贝，你同学是北方人吧？这种吃法或许是他们的地方特色。就像别人吃不了辣，而你非常喜欢吃辣一样。”

这个博主向孩子传递了一个信息：人与人之间是千差万别的，孩子需要尊重和理解这些差异，而不是用自己的标准去评判别人。接纳别人的不同，是一种修养，孩子具备了这种教养，懂得包容别人，才能更受欢迎。

给父母的建议

想让孩子能接受别人身上的不同之处，尊重别人的独立人格，父母可以这么做：

1. 让孩子多多接触不同的人与文化

见识过世界的孩子，才能真正懂得“海纳百川，有容乃大”的意义，才不会因为别人身上的丁点差异性就感到奇怪。

父母可以尝试每年计划一次家庭旅行，带孩子领略各地的文化。即使不出国，孩子也能感受到不同城市的文化差异，不同地方的饮食习惯，不同的口音等，让孩子了解这些不同。

2. 少用批判性观点

随着孩子慢慢长大，他们会不停地问父母“为什么”。此时，父母要注意，在与孩子沟通中尽量避免使用批判性的语言。

3. 鼓励孩子通过沟通了解差异背后的原因

在孩子意识到别人身上的不同后，父母可以引导孩子与别人进行一次友善的沟通，了解其中的缘由，解开自己的困惑，从而知道尊重别人的行为。

例如，一些少数民族的孩子不能吃猪肉，孩子对此不解，就可以主动询问朋友、老师或父母，了解少数民族的风俗习惯。

7. 如何引导性格内向的孩子大胆地与人交往

场景回放

马上就要开学了，妈妈带着吴露去挑选文具。吴露站在铅笔的货架前，仔细挑选了半天。

妈妈：“你没有想买的文具吗？”

吴露：“我得选个同学们都没用过的铅笔。他们每回拿了我的铅笔都不还，还说是我拿他们的，我也不敢去要回来。”

妈妈：“那你可以大胆地告诉同学们，这是我自己的铅笔，你们自己的铅笔可能落在什么地方了。如果你总是不敢去解释，他们就不知道是自己错了。”

吴露：“知道了妈妈，下次我就会大胆地说。”

场景分析

有些性格内向的孩子，见到陌生孩子不敢说话，只要有人的地方就会畏手畏脚。

长期如此，很可能会变成恐惧社交，也可能会慢慢变得自卑。他们开始习惯独自玩耍，缺少同伴，看起来很不合群。渐渐地，他们就很难与人维系友好的关系，也很难融入集体之中。

内向孩子的社交恐惧不都是天生的，有以下几种可能：

（1）缺乏与人交流的机会。比如，平时只与爸爸妈妈、爷爷奶奶相处，很少去人多的地方，与外界接触的机会少，缺乏社交经验，与别人见面就会格外紧张、羞怯，不敢独立地表达自己。

（2）孩子被父母过度保护，一旦他们和父母分开，就出现焦虑、孤独、害怕等情绪，难以适应新环境。

（3）孩子在与人的相处中受到过欺负。如果和别人起了冲突，就很容易出现被孤立的状况。如果孩子有类似被欺负、被孤立的经历，那么他会更加胆小，不愿意结识、相信别的小朋友。

（4）孩子可能天性就比较冷淡，并不热衷于人际交往。面对这样的孩子，家长要学会接纳，不要强迫孩子去交际。美国作家苏珊•凯恩在《内向性格的竞争力》一书中写道：“如果一个内向的孩子总是因为自身的性格问题，使得父母经常向别人表达歉意，或是被父母有意或无意地纠正，那么他就逐渐变得自卑。这种自卑会给他内心造成很多冲突，从而引发社交恐惧症、焦虑症等心理障碍。”

总之，孩子内向，不愿意社交，需要父母能对孩子表示理解和支持，并及时引导，帮助他们激发出自信、勇气，内向的性格就不会成为孩子社交的绊脚石。

给父母的建议

父母要怎么做才能调整好孩子的心态，帮他们克服胆怯的心理呢？

1. 认同孩子的心理感受

有的孩子性格内向懦弱，与父母经常不注重他们的感受有一定关系，他们心中缺乏安全感，也没有底气。

因此，父母与孩子相处时，要尊重孩子的性格，多听一听孩子的想法。不要因为觉得孩子内向就在言语上打击孩子，强迫他们热情地招待别人。这样，孩子才能够感受到自己的想法与感受是被别人在意的，他们就会找回自信，大方地与其他孩子玩耍。

在一些特殊的社交环境，如去陌生朋友家做客、与新同学交往，孩子可能会感到害怕。父母不要嘲笑他们，也不要觉得无所谓，先安慰好孩子，再亲自示范，消除孩子心中的负面情绪，让他们有勇气做出尝试。

2. 把话语权交给孩子

在有些家庭里，孩子几乎都没什么发言权。即使是违心的任务，孩子也不敢和父母坦露心声，表示反抗。因而，孩子就会习惯性压抑自己的想法，也更容易出现羞愧、内疚、自责等不良的情绪，深陷在自己的世界里。

父母不能剥夺孩子表达自我的权利，要让孩子有话可说、敢说。在做出一个家庭决定前，父母可以询问孩子：“你有什么想法？”“你有更好的建议吗？”如果大家都不满意，不妨来一场家庭辩论赛，鼓励孩子大胆地说出内心的想法。

随着被肯定的次数越来越多，孩子就会越来越自信，与人交谈的胆量也越来越大。

3. 让孩子和朋友一起参与社交活动

有了小伙伴的陪伴，一个人不敢打招呼、参加比赛，两个人一起就能做到了。

例如，如果孩子不敢与商家说话，父母可以告诉孩子："你和同学一起去买两个糖葫芦吧，钱给你。"两个孩子就能一起去买东西，不再胆怯，你一言我一语地补充完整。此时，父母的夸奖，无疑能使内向的孩子高兴、得意起来，期待和朋友再一次"合作"。

4. 鼓励孩子自行社交

有的小孩胆小不敢说话，很多父母就会直接包办，替孩子向同学、老师问好，直接越过孩子与孩子的朋友们沟通，这样孩子就会更加依赖父母，无法独当一面。父母要懂得放手，让孩子自己去社交。

父母可以带着孩子去适应各种社交环境，鼓励孩子先尝试和单独的小朋友一起玩，主动上前做自我介绍，并约定好下一次见面的时间。

另外，父母不要给内向的孩子设置"交往障碍"。比如，阻拦孩子与调皮的孩子玩，或是批评孩子性格内向，这样会打击孩子与人交往的积极性。

笔记栏

第八章

帮助孩子改掉人际交往中的坏毛病

1. 孩子背后说人坏话，别掉以轻心

场景回放

同学A：“王菲菲真小气，我借她的钢笔用一下都不愿意。”

同学B：“你别看她平时大方，我上回找她借笔，她也不肯。”

两个同学你一言我一语地说着，一转身，就看见了背后的王菲菲，瞬间羞红了脸。

场景分析

喜欢在背地里说同学的坏话，甚至无中生有，这样的孩子在其他同学、老师眼中是很不讨喜的。

无论是因为凑热闹，还是闹了矛盾，孩子在背后随便说同学、朋友的坏话，都是不礼貌的行为，而且还会给自己的社交带来许多不利的影响。

首先是伤害别人。孩子在背后说别人“坏话”，尤其是平时关系还不错的朋友，对方知道后，会感到很受伤，觉得自己被欺骗了。

其次是自毁形象。也许孩子只是随便说说，但实际上正在给自己编织不值得信任的网。当朋友有了心里话，不会向说人坏话的孩子倾诉，因为他担心自己今天告诉他，明天消息就满天飞了。

最后是失去朋友。背后说朋友坏话，总会传到当事人的耳朵里。如果孩子抱着侥幸心理，认为这样做没关系，那就大错特错了。一旦对方知道孩子当面交好，背地“插刀”，肯定会觉得孩子虚情假意，不仅会断绝来往，还可能会揭穿孩子的所作所为，使得孩子被周围的同学孤立，失去朋友。

哥伦比亚大学的大卫·博森教授曾说：“人会更倾向于与自己有共同厌恶对象的人，甚至认为敢于在自己面前坦诚阴暗面，才是真诚的行为。”但靠这种行为建立起来的友谊，是没有根基的空中楼阁。不在背后说人坏话，做一个真诚的孩子，才能赢得长久的友谊。

给父母的建议

纠正孩子背后说同学或是朋友坏话的习惯，父母应当以身作则。

1. 不要当着孩子的面讲别人的坏话

孩子无意中就说出：“我妈妈说她胖得像个小猪崽。”孩子会这样说，很大可能是受了父母的影响。父母的一言一行，都是孩子模仿的内容，可孩子辨别是非的能力不足，就会全部进行模仿。稍微懂得主动思考的孩子，可能会觉得父母说的话有问题。

因此，父母要杜绝在背后说别人坏话的情况发生，尽量不要在孩子面前搬弄是非。

2. 通过游戏让孩子理解背后说坏话的坏处

游戏一：父母将小石块丢入水盆中，让孩子观察水面荡起的一圈圈涟漪。

接着，父母可以告诉孩子："你说的每一句坏话，都会留下一圈圈痕迹，清晰可见，别人最终都会知道是谁、说了什么坏话。"

游戏二：父母让孩子拿着水碗，每说一句同学的坏话，就往地上倒一次水。等水碗空了，再让孩子把地上的水收回碗里。

这时，孩子就会知道，完全做不到。父母便可以告诉孩子："你说出去的每句坏话，都很难收回来，却会弄脏一片干净的地方。"

父母一边玩游戏一边教育孩子，会让孩子直观、深刻地理解背后说坏话是不可取的。

3. 教孩子背后说同学好话

如果孩子喜欢说话，控制不住自己的交流欲，父母可以教孩子在背后多夸奖自己的同学。哪怕关系不好，同学身上也是有优点的，在背后说人好话，不仅能显得孩子心胸宽阔，还能改善与别人的关系。

例如，有同学听到孩子在背后夸他"运动真厉害，打篮球特别帅"，这个同学肯定会发自内心地高兴。

2. 及早干预孩子动粗的毛病

场景回放

陆虎在幼儿园抢了小伙伴的玩具，小伙伴想要拿回来，陆虎不肯，就推了小伙伴一下，小伙伴大哭。这已经不是陆虎第一次在幼儿园动手了，老师只好请来了两个孩子的家长。

陆虎的妈妈十分头疼，说：“每次我批评完他没几天，他动手的坏毛病就又犯了，怎么办啊？”

场景分析

研究资料显示，若孩子缺乏正确的引导，容易在3～6岁之间出现“攻击性”行为，就是所谓的“动粗”，如骂人、推人、踢人，抢走同学的东西，甚至打架等。如果孩子脾气暴躁易怒，喜欢用暴力解决问题，欺负小伙伴，那么小伙伴们就会避而远之。

对孩子来说，一开始出现的动粗行为，并非刻意，而是因为难以平复心中的委屈、气愤等情绪，又想达到一定目的的结果，如拿到自己的东西，看看别人的玩具。心理学博士查尔斯·斯皮尔伯格认为，人在生气时，体内的荷尔蒙、肾上腺素分泌量会大幅增加，随之引发身体的一系列条件反射性行为，如击倒对方、怒吼等。这是人自我保护的一种本能，在孩子身上表现得特别明显。也许，孩子本意并非想要伤害对方，但这种动手动脚的错误方式，却会影响到孩子未来与人相处的方式。

一名心理学家连续22年跟踪研究了600多名孩子，结果发现，其中有90%的孩子是幼时有动粗的行为而未被阻止，长大后就养成了动粗的习惯。因此，当父母观察到孩子有动粗的行为时，就要重视起来，帮孩子彻底改掉，以免影响日后的社交。

一位妈妈在论坛上分享了她教育孩子的经历：她家儿子一生气就到处砸东西，有时候还会打爷爷奶奶。这位妈妈教训了儿子很多次，可她儿子就是改不掉这个坏毛病。

有一次，儿子又在发脾气摔玩具、哭闹，这位妈妈赶紧打开了手机相机，将孩子的一举一动全部录下来。过了一天，儿子正玩得开心时，妈妈打开了这个视频。儿子看得目瞪口呆，不敢相信自己会做出这么难堪的事情，这才意识到自己的错误。

当孩子意识到自己摔东西是一种不良的行为，并由衷地感到厌恶时，他才有决心戒掉动粗的坏毛病。

给父母的建议

面对孩子动粗的行为，父母要趁早进行干预。

1. 及时制止孩子的“动粗”行为

不要觉得孩子在家小打小闹、有肢体碰撞，没有什么大问题，这会被孩子复制到在外面和小伙伴相处的过程中。所以，当孩子在家里出现如摔东西、踢人等行为时，要及时制止。父母可以告诉孩子：“别人会痛，大家都不喜欢这些动作，是不能做的。”同时，父母应该教会孩子正确的肢体接触动作，如拥抱、牵手、挽手等。

但孩子的自控力较差，不能完全约束自己的行为。当孩子有推人、动手的倾向时，父母可以坚定地提醒：“不准打人！”或是“你打人的话，我们会失望的！”

2. 将孩子与暴力因素隔绝

动画片中的暴力镜头、电子游戏中的打斗场景、父母的暴力发泄……都可能会让孩子产生兴趣，进而模仿，对同龄人动粗。父母应当筛选适合孩子看的动画片。

3. 强化“小手放好”的动作

在家里时，父母可以与孩子一起练习“小手放好”的动作，压制住孩子动手的欲望。具体方法如下：

妈妈在备餐时，让孩子坐在餐桌前，告诉孩子：“你把小手放好，等爷爷奶奶吃一口之后，你再吃。”

爸爸在玩拼图时，让孩子在一旁看着，告诉孩子：“把小手放手，每人拼两块，爸爸妈妈先来，你再来。”

等孩子在家里能控制好行为后，父母可以带孩子到小区健身区、游乐场等地方，再次强化“小手放好”的指令，并表扬孩子：“你真厉害，小手能听你的话，不乱动。”渐渐地，孩子就能在与小伙伴相处时，给自己暗示“把手放好”。

3. 帮孩子改掉不讲卫生的习惯

场景回放

班级里的同学都不愿意和林芳玩，老师悄悄问一些同学：“为什么你们不和她一起玩呢？”同学们七嘴八舌地回答道：

“老师，她胳膊上有黑印，肯定不洗澡，我不想和她待在一起。”

“她还喜欢啃指甲，我看见她还会在自己手上画画，黑黢黢的。”

…………

同学们纷纷表示，不能接受这样的朋友。

场景分析

不少淘气的小朋友常常把自己弄得脏兮兮的，完全不在意自己的卫生情况。头发乱糟糟的、衣服上有饭粒……只会令别的孩子敬而远之。

在与人交往时，不注重卫生的孩子，也常常会被同学们起外号、嘲笑。当孩子总被大家嫌弃“脏”时，就会变得自卑，情绪波动大时，还特别容易与别的孩子发生冲突。

一般，父母从小都会注重孩子的卫生问题，给孩子勤洗澡、勤换衣，教他们勤洗手，还反复讲道理让他们讲卫生，但一些孩子就是做不到。那么，孩子为什么不注意讲卫生呢？

首先，年纪小的孩子认知有限，无法轻易掌握卫生知识并坚持做到。

我们成人看起来很简单的卫生知识，比如父母常说的“细菌”“生病”等词汇，孩子理解起来就有很大的难度。当父母告诉孩子“饭前不洗手，细菌会附在食物上从口腔进入身体内，大量繁殖，人体就会开始生病”时，孩子对此不注意，没有形成足够的认识。

其次，孩子大多时候都是靠天性行事，他们想要做一件事时，就会立马去做，基本不会克制自己的行为。因而，即使孩子理解了干净、卫生的概念，但只要他们玩上了泥土、沙子，就会把“爱干净”忘得一干二净，身上再脏也毫不顾忌。

给父母的建议

育儿专家李玫瑾曾说：“孩子卫生习惯差，受他生长环境的影响，也受养育他的父母影响。父母没有让小孩树立良好的卫生意识，让小孩从小生长在一个卫生环境比较差的家庭环境，也会让小孩养成不良的卫生习惯。”父母应该耐心地给孩子讲怎么注意卫生，让他们养成爱干净的好习惯。

1. 用“对比”的方法让孩子爱上讲卫生

在孩子弄脏衣服后，父母可以拿出漂亮的干净衣物与脏衣服进行对比；在吃饭后，父母可以用整洁的桌面与孩子面前满是汤汤水水的桌面对比；在玩耍后，父母可以用洗过的手和没洗的手对比，让孩子直观地看出“脏”与“干净”的区别。

同时，父母可以用故事中或身边的孩子举例，让孩子知道，哪些孩子讲卫生，哪些孩子不讲卫生。问一问孩子：“你愿意和哪个小朋友做朋友呢？”这样，孩子就能懂得讲卫生的重要性。

2. 用科学小实验让孩子明白不讲卫生的危害

虽然孩子的理解能力有限，但当他们看到了事情的后果以后，就会明白事情的严重性，从而规范自己的行为。与其不厌其烦地叮嘱孩子注意卫生，父母不妨用科普视频，让孩子观察细菌繁衍，影响人体的过程。

父母还可以带孩子做简单的科学实验，如观察菜叶、水果在湿润环境中腐烂，感受浑身是汗不能清洗的油腻感等，孩子切身体会后，就会对卫生习惯有意识了。

3. 养成随时随地讲卫生的习惯

虽然孩子学会了讲卫生，但还需要父母一直督促才能形成习惯，以免孩子觉得麻烦而懈怠。父母可以每天给孩子强调“回家第一时间洗手”“睡前刷牙洗脸”“有垃圾立即扔进垃圾桶”等，强调多了，就能让孩子形成条件反射。

如果孩子年龄比较小，可以多教孩子唱关于卫生习惯的儿歌来帮孩子养成讲卫生的好习惯。比如“小牙刷，手中拿；上刷刷，下刷刷，左刷刷，右刷刷；刷完笑哈哈，露出大白牙。”

…………

父母和孩子一起唱，不仅可以激起孩子的兴趣，还能让孩子形成讲卫生的好习惯。

4. 帮孩子戒掉有损形象的小动作

场景回放

公交车上，妈妈拍了拍身前的儿子，说：“抓紧栏杆，站好了。”

儿子：“妈妈……”话还没说完，就用小手抠起了鼻子。

妈妈闻声低头一看，硬生生地把儿子的手拽了过来，掏出湿巾给他擦手。儿子不乐意地挣脱开，还要继续抠，妈妈严厉呵斥道：“不准抠了！多难看啊！”

儿子委屈地说：“我鼻子里有东西。”

场景分析

有的孩子在生活中经常会做一些不雅的小动作，如抠鼻孔、咬指甲、吐舌头、斜眼看人……看似只是无意之举，但孩子习惯性地在大庭广众之下做出这些行为，不仅会损害孩子的个人形象，还会让孩子遭受同学们的嘲笑，变得自卑、抑郁。

其实，孩子做这些不雅动作，与他们的年龄有很大关系。父母可以比较一下同龄孩子，会发现大部分孩子在年龄较小的时候都会出现类似的行为。随着年龄的增长，有的孩子自然而然地就改掉了这些小动作，但有的孩子则因为没有正确引导，难以改掉。

细心的家长会发现，当孩子精神紧张时，做各种小动作的频率会变高。尤其是刚上幼儿园、小学的孩子，进入一个陌生的环境，遇到新同学、新老师，难免缺乏安全感，导致精神过度紧张。对孩子来说，他们小时候吮吸母乳获得了安全感，长大后也会通过嘴巴来安抚自己的焦虑，如啃指甲、吸手指、拨弄嘴皮等。

一旦孩子尝试了这些动作，在无聊的时候也做一做，达到放松的目的，慢慢就成了一种习惯。下一次感到紧张、焦虑时，孩子就会下意识地做出这些不雅的小动作。如果自家孩子的情况比同龄人严重，父母就要重视起来，帮助孩子改掉这些小动作。

给父母的建议

父母看到孩子做出不雅的小动作时，就强迫孩子改，但坏习惯一时半会儿是改不了的。父母可以尝试以下方法：

1. 让孩子不断重复同一个小动作，从而令其心生厌恶

美国教育学家皮莱特曾提出通过“欲擒故纵”来帮助孩子改变做不雅动作的坏毛病。

一个孩子经常吸吮手指，皮莱特便让他妈妈每晚给孩子 20 分钟，让孩子一直吸吮手指，但其他时间不能这么做。起初，孩子每晚都能吸吮手指 20 分钟。直到有一天，他对吸吮手指失去了兴趣，看着父母在一旁盯着自己，瞬间无地自容，就此改掉了吸吮手指的习惯。

父母一遍一遍劝阻，反而不如彻底消磨他们的兴趣，让他们对某些小动作感到厌烦。

2. 转移孩子的注意力

孩子做不雅的小动作时，父母可以立即用孩子感兴趣的事情来转移孩子的注意力，投入新的活动中，减少孩子做“小动作”的频率。

搭积木、做手工、玩沙、放风筝、运动等，都可以安抚孩子的情绪，让孩子的手和脑动起来，不让“不雅的小动作”有可趁之机。

3. 找到替代性解压的玩具

父母可以给孩子购买各种解压的玩具，帮孩子缓解压力。如捏捏乐公仔、仿真包子、指尖陀螺等，孩子手中有了好玩解压的玩具，一烦躁就玩，小动作自然就少了。

5. 教孩子开玩笑不能太过分

场景回放

冰冰特别喜欢和人开玩笑，有一次，班里转来一个女生莉莉，正好成了冰冰的同桌。莉莉身材胖乎乎的，个子也不高。冰冰就想逗逗她，对她说：“我知道你最喜欢吃什么食物？”

莉莉说：“什么？”

冰冰答：“肯定是猪肉啊，因为你长得就像个‘小猪娃’。”

莉莉当时就哭了。

在动画电影《声之形》中，六年级的石田将也认识了有听力障碍的刚转来的学生西宫哨子，西宫只能靠助听器和在笔记本上写字与人交流。石田看见独来独往的西宫，忍不住开始了一场场恶作剧，从藏笔记本、私自摘下助听器、滋水到在黑板上写下对西宫的玩笑话……终于，石田酿成了大祸，将西宫的耳朵拽出了血。这一刻，石田才惊醒过来。

最后，西宫转学离开了，石田成了师生口中的“罪魁祸首”，被大家指责、孤立。在此后的多年里，他依旧无法忘怀自己的过错，难以重新振作起来。

场景分析

许多孩子都和不谙世事的石田一样，以为“这不过就是个玩笑”，过分一点又不会如何。有的孩子为了取乐，喜欢拿别人的缺点、缺陷开玩笑，或是在别人伤心落泪时取笑别人，又或是将别人的秘密广而告之，这些玩笑只会让别人痛苦、自卑，甚至引发悲剧。

父母要让孩子认识到哪些玩笑可以开，哪些玩笑不能开，玩笑不可乱开。

给父母的建议

同学、朋友之间，开个小玩笑，可以活跃气氛，让孩子成为受欢迎的人。如何正确开玩笑？可以参考以下几点：

1. 开玩笑先看对象

每个孩子的性格不同，能接受的玩笑程度也各有不同。如果同学、朋友性格外向，大大咧咧，不拘小节，孩子就可以开开玩笑。面对胆小、内向、有生理缺陷、家境不好的孩子等，孩子最好不要开玩笑。

2. 开玩笑看场合

在上课、升国旗、图书馆、医院等场景中需要保持肃静，孩子不要开玩笑。另外，在别人心情不快时，孩子也不宜开玩笑。当然，如果孩子因为一件小事惹火了小伙伴，可以开个小玩笑，调节气氛。

3. 注意开玩笑的话题、内容

孩子讲玩笑话也要有原则，不能与同学们讲庸俗不雅的内容，如脏话、外号等，也不能拿别人的短板开玩笑，更不要以嘲笑别人为乐。总之，开玩笑并非恶作剧，应当风趣幽默。

4. 开玩笑的语言要妥当

真正的玩笑，能让听者感到愉悦，在笑声中陶冶情趣。因此，孩子开玩笑前，可以先在心中组织一遍语言，以免语气不妥。

例如，孩子用带有挖苦、讽刺、挑衅的词汇和语气说出来的话，别人听了一定会尴尬、不舒服。

5. 吃饭时，千万不能开玩笑

孩子吃饭时开玩笑，一是没有礼貌，逗得大家无心吃饭；二是不卫生，容易将嘴中的食物喷到桌子上，影响别人用餐；最重要的是将食物误吸入气管，引发猝死。所以，吃饭时，不要乱开玩笑。

6. 科学纠正孩子乱发脾气

场景回放

爷爷陪着安小晨在客厅画画，突然间，小晨把手中的蜡笔扔了出去，又将画纸揉成一团，砸到爷爷身上，说道："你走开！你烦死了！"

爷爷好声好气地哄他："小晨，怎么了？不开心和爷爷说说？"小晨不理不睬，拿起什么东西就摔什么东西。

场景分析

孩子不分场合地乱发脾气，势必会影响他们的社交。

孩子不像成年人，他们不懂得如何控制自己的情绪。因此，遇到不如意的事情，他们就会直接发脾气，来宣泄自己的不满。此时，父母没有纠正孩子的行为，他们就会故技重施，让同学、父母妥协，满足自主需求。如果孩子有了心结，长时间没有解开，就会频繁地乱发脾气。

虽然乱发脾气不好，但父母拦着孩子，不让他们发脾气也是不合情理的。孩子有情绪，自然就有脾气，如果父母不问青红皂白地批评孩子发脾气，孩子日后就不敢表达自己的情绪，将不开心、委屈都压在心里，默默承受，最后只能教出一个自卑、抑郁的孩子。

孩子乱发脾气时，父母应该着重解决孩子乱发脾气的“习惯问题”，而不是单一地去解决孩子当时的“情绪问题”。只有了解了孩子爱乱发脾气的背后原因，才能让孩子从根本上改变这个毛病。

在电影《头脑特工队》中，女孩茉莉出生在一个幸福的家里，过着无忧无虑的童年。然而，当茉莉随着父母搬到了旧金山，一切都变了。陌生的校园与同学、脏乱狭窄的房间、争吵不断的父母……茉莉的负面情绪不断累积，她的大脑中，每天都有怕怕（恐惧）、怒怒（愤怒）、乐乐（快乐）、厌厌（讨厌）、忧忧（悲伤）这五个情绪小人在打架。渐渐地，茉莉就从一个天真无邪的小女孩变成了一个爱乱发脾气的女孩。搬家，就是茉莉脾气发生变化的一个导火索，可惜她的父母没有察觉到。

所以，父母一定要引起重视，给予关爱与引导，不要让孩子越来越暴躁。

给父母的建议

三岁左右，孩子的自主意识逐渐完善，正是帮助孩子建立“内在秩序感”，约束自己行为的时候。面对孩子乱发脾气的行为，父母不可严禁孩子发脾气，而要通过沟通确定一套执行准则，引导他们正确地发泄情绪。

1. 父母要控制好自己，不乱发脾气

孩子闹脾气时，父母要第一时间控制好自己的情绪，不要对孩子发脾气，和他们对着干。“以暴制暴”，会让亲子关系恶化，给孩子留下心理阴影。

父母最好能以一种平和的态度和孩子沟通，从孩子的角度去理解问题。

2. 允许孩子发泄情绪

如果孩子情绪失控了，父母可以帮孩子找到正确的发泄途径，让他们尽快冷静下来。

例如，给孩子一个小抱枕，安抚情绪；或是在家中开辟一个“运动发泄角”，让孩子尽情地大喊大叫、跑跳，排解情绪；又或是给孩子一些玩具，让他独处等。等孩子发泄够了，冷静下来，父母再与孩子好好谈一谈。

3. 询问孩子发脾气的缘由

当孩子情绪缓和以后，父母可以找个时间和孩子聊一聊，问清楚孩子发脾气的原因，寻根溯源，解决孩子的心结。比如，有的孩子是为了引起父母的注意，才故意发脾气，那么父母应该教会孩子用语言表达自己的想法和情绪。这样，孩子以后发脾气时，父母也能找到规律，更好地安抚孩子的情绪。

4. 让孩子知道，乱发脾气是有代价的

孩子对人乱发脾气，父母就必须要让孩子知道，乱发脾气是有代价的。绘本《保持冷静，不发脾气》讲述了一个霸道、不讲理的小男孩儿，他经常跟姐姐、朋友，甚至幼儿园的老师吵架，结果被大家讨厌的故事。通过这个故事，孩子可以形象地看见乱发脾气的后果。

如果孩子乱发脾气时还会损坏物品，父母可以将孩子无故发脾气、物件的破损折合为现金，从零花钱中扣除这笔“乱发脾气费”。这样，孩子在发脾气前，就会有所顾虑，控制好自己的脾气。

7. 让孩子远离不良“口头禅”

场景回放

语文课上，沈飞打瞌睡时被抽到回答问题，他站在那儿，不知如何回答。老师便对他说：“拿着书去后面站着听一会儿吧，醒醒神再回来。”

老师正要继续讲课，沈飞一句不大不小的“我去！”在安静的教室中格外明显。老师正欲教训他，沈飞自知有错，急忙跑到后排，捧着书乖巧地站着。

场景分析

孩子长大了，接触的人和信息越来越多，口头禅也变得多样化了。有的是跟班上的同学学的，有的是看动画片学来的，不少口头禅还带有脏话。若孩子常把以下口头禅挂在嘴边，孩子的社交多多少少会有问题。

1. 自私自利型——“都是我的！别动！”

一些孩子不愿意与大家分享，总想着把好东西都占为己有，常常把“这是我的，你们别动！”挂在嘴边。这种处处以自我为中心的行为，会把其他小朋友推得远远的，很难赢得朋友的喜爱。

2. 推卸逃避型——“不是我”“我没错”

犯了错，有的孩子会主动承认自己的错误，但有的孩子即使面对父母、同学的责问，也会选择否认，满脸无辜地说出“不是我做的”“我没错啊”“都怪他”，从而逃避批评与惩罚。这会给小伙伴留下不值得信赖的感觉，不愿意与之玩耍、合作。

3. 懦弱退缩型——“我不行”“我做不到”“太难了”

明明是一件很简单的事，可孩子连尝试都不尝试，就说出“我不行”“我学不会”。这不是在谦虚，而是过于胆小、自卑。逃避之后，他们又不得不寻求别人的帮助。一次尚可，次数多了，大家都会厌烦他的。

4. 孤僻自傲型——“不要你管”“别烦我”“我不管”

孩子遇到困难、心情不好时，父母、同学好心安慰一句，他们却用“不要管我”“走开，别烦我”“我不管，你必须……”来发泄自己的情绪。这会让真正关心自己的人寒心，人际关系自然不会很好。

5. 不堪入耳型——“滚”

类似的口头禅会给人留下一种不尊重人、不懂礼貌的负面印象，社交圈也会变得很狭窄。

给父母的建议

心理学家指出，2～5 岁是儿童学习口头语言的关键期。父母可以在这个阶段着重纠正孩子的用语习惯，督促孩子用合适的言辞表达自己的情绪。

1. 教孩子审视自己的“口头禅”

年纪小的孩子，可能不具备正确的审美概念，更不能区分语言的美与丑。因此，当孩子有不良口头禅时，父母要对其进行审美教育。

父母可以用录音工具录下孩子的口头禅，将其与诗歌朗诵对比，让孩子自行感受。接着，父母再加以引导，如“别人赞叹时说‘真美啊’，你赞叹时说‘我的天哪’，哪一种让人听着享受呢？”相信孩子多听、多反思，下次说话时就会有所注意，不再使用不良口头禅了。

2. 关于不说不良口头禅的“协议”

如果孩子很难改掉自己习惯已久的不良口头禅，父母可以试着用“协议”提高孩子的自律性。具体做法如下：

父母和孩子各自拿出自己最宝贵的一样物品，或是用完成一件对方最讨厌的事，如吃蒜、练字一小时等，作为条件。一旦被身边的人指出自己所说的话为不良口头禅时，就算犯规，累计犯规三次者，就要接受失去条件的惩罚。

3. 用丰富积极的词汇代替

刚开始，孩子可能还会冲动地说出口头禅。父母可以告诉孩子，你不习惯的话，可以慢慢说，说到一半时停止也可以。比如将“都是我的”缩减为“都是……”再接上其他词汇“都是……大家的”，又比如将“别管我”缩减为“别……”再接上其他词汇“别……放心，我能行”等。从放缓说话速度、减少字数开始，改掉口头禅的难度就会小一些。

如果孩子难以改变习惯已久的口头禅，也可以用其他词语来代替。如孩子习惯说“我不行”，那么父母可以经常在他耳边说“试一试吧”，让孩子也对自己说“试一试吧”。假以时日，孩子就会习惯新的口头禅，不知不觉就能改掉以往的不良口头禅。

8. 孩子“小偷小摸”，正确引导

场景回放

上幼儿园的乔乔特别喜欢玩橡皮擦，看见同学课桌上漂亮的橡皮擦，总忍不住偷偷拿过来，藏在自己的储物柜里。一天，大家看见了他柜子里的一大堆橡皮擦，便告诉老师了。

老师问：“乔乔，你为什么要偷拿同学们的橡皮擦呢？”

乔乔反问道：“我只是觉得它们很漂亮。”

场景分析

父母可能会疑惑，孩子怎么会平白无故地有了“小偷小摸”的坏习惯呢?

一些幼儿园的小朋友都觉得，顺手带走自己喜欢的玩具、书本，并没有犯错。这是因为他们的物权意识薄弱，意识不到自己想要的东西，是别人的所有物。严格来说，这类行为并不算孩子故意为之的“偷”，但父母也要引起重视，以免孩子上小学后，不征求同伴的意见就习惯性地拿走同学的物品。随着孩子慢慢长大，他们有了明辨是非的能力，就不会再“偷拿”别人的东西了。

但如果孩子长大了，仍然有小偷小摸的行为，背后可能会有许多其他的原因。

原因之一，孩子的拥有欲过于强烈。比如：向父母索要包装精美的玩具，遭到拒绝，便偷偷藏入自己的口袋；想要同伴手中新奇的零食，别的孩子不愿意分享，便偷偷尝几口……在“被拒绝”和“特别想要”之间，一些孩子会选择优先满足自己的欲望。

原因之二，孩子偷拿东西后未被发现，引以为傲，就会一犯再犯。有孩子甚至表示：“刚开始只是一个恶作剧，但居然没人发现，我就觉得自己很厉害。”

原因之三，孩子缺少支配金钱的自由。许多小学生很享受独立购买物品的乐趣，但父母不可能无限度地给孩子零花钱。当他们有想买的东西时，孩子就会偷偷从妈妈的钱包中拿走零钱。

在热播剧《少年派》中，林妙妙一直埋怨妈妈克扣她的零花钱，妈妈不解：“你明明什么都不缺啊。”

林妙妙的回答是这样的：“我缺的是选择的快乐和自由。”大部分孩子对自主支配金钱都有一定的向往，清崎先生曾在《富爸爸，穷爸爸》中说过：“只要孩子一开始对钱感兴趣，就该教他们理财。”满足了他们的需求，自然就断了他们小偷小摸的念想。

给父母的建议

父母应该如何引导孩子约束自己的行为呢？

1. 家人以身作则

例如，爷爷、奶奶带孩子去逛超市时，不要贪图便宜，将葱、瓜子偷偷藏进自己的包里，不付钱就带出去；比如爸爸出去时，不要不经别人同意，就随便使用别人的车、物品等。这些都是很常见的例子，但孩子很有可能因此养成“顺手牵羊”的坏习惯。

2. 在家中设立“私有物品角”

孩子三四岁时，父母就要开始培养孩子的物权意识了。

父母可以在家里开辟出一个角落，存放各自的私有物品。孩子能一眼分辨出，自己的东西和别人的东西的差别。每个人取用他人物品时，必须征求家人的同意，然后“登记在册”，归还告知家人，再次登记在册，从而培养孩子使用别人物品的“仪式感”。

3. 耐心询问孩子偷东西的原因

如果父母发现孩子偷拿东西，不要只顾着劈头盖脸地痛骂他们，也不要给他们贴上“小偷”的标签，而要心平气和地与孩子沟通，让孩子敞开自己的心扉，有勇气正视自己的错误。

如“妈妈想知道你为什么要偷吃别人的糖果，你说出来，妈妈会替你保密的。”又如“如果你能坦诚地告诉爸爸为什么拿爸爸的钱，爸爸是不会责骂你的，说不定还能商量商量涨涨你的零花钱。”

4. 鼓励孩子归还物品并道歉

很多父母对于孩子偷东西的行为很生气，但做的仅仅是停留在批评上，而任由孩子继续使用这些物品。这是错误的处理方式。

假设孩子偷拿了同学的文具盒，妈妈看到后，应该严肃地告诉孩子：“你的行为是不对的，哪怕是家里的东西，也必须经过爸爸妈妈同意之后才能拿。”还需亲自带着孩子上门归还，并让孩子自己向同学道歉，这样孩子才能意识到自己的错误。

如果孩子已经偷偷花掉了钱、吃掉了东西，不管孩子偷拿了多少，父母也要让他们学会担责“偿还”，可以让孩子通过做家务、做义卖、卖废品等方式赚钱，并偿还给别人。